新版
同行援護従業者
養成研修テキスト

社会福祉法人 日本視覚障害者団体連合＝監修
中野泰志＝編集代表

中央法規

はじめに

　障害者福祉施策は近年、理念と制度の両面で大きな転換期を迎えています。2003（平成15）年の支援費制度導入を皮切りに、利用者主体のサービス提供体制への移行が進み、2005（平成17）年には障害者自立支援法が制定されました。さらに、2014（平成26）年には「障害者の権利に関する条約」（障害者権利条約）が批准され、国内では「障害を理由とする差別の解消の推進に関する法律」（障害者差別解消法）の制定や「障害者の日常生活及び社会生活を総合的に支援する法律」（障害者総合支援法）の施行が進み、障害者の権利擁護と社会参加を促進する重要な取り組みが加速しています。

　このような政策的進展のなか、2010（平成22）年に障害福祉サービスとして「同行援護」が自立支援給付の対象に位置づけられました。同行援護は、視覚障害者が自立した生活を送るために必要な支援を提供するもので、単なる移動支援にとどまらず、外出時の情報保障を含めた支援を行うものであり、生活全般や社会参加を支える重要なサービスです。この制度の成立には、社会福祉法人日本盲人会連合（現・日本視覚障害者団体連合）をはじめとする視覚障害者団体の尽力が大きな役割を果たしました。これらの団体は、障害者自立支援法施行後、市町村地域生活支援事業における移動支援とは異なる、自立支援給付としての同行援護を規定するよう要望を重ねてきました。また、同行援護の実現に向けて、「平成18年度視覚障害者の移動支援に関するあり方検討事業調査結果報告書」（社会福祉法人日本盲人会連合）や「視覚障害児・者の移動支援の個別給付化に係る調査研究事業報告書」（平成22年3月、株式会社ピュアスピリッツ）など、さまざまな調査研究が制度化の基礎資料として活用されました。

　制度施行後も、同行援護サービスのさらなる質的向上を目指して、実践や課題の洗い出しが進められました。2018（平成30）年度の障害福祉サービス等報酬改定では、基本報酬の見直しや、盲ろう者向け通訳・介助員が支援を行った場合の加算創設、同行援護ヘルパーおよびサービス提供責任者の要件の見直しが行われました。そして、2021（令和3）年度には厚生労働行政推進調査事業「同行援護の担い手となる支援者の養成のための研究」が実施されました。この研究を通じて、新カリキュラムの改正方針として以下の2点が重視されました。

① カリキュラム内容の充実・整理
　　各カリキュラムの内容を充実させるとともに、一般課程と応用課程の役割と時間を整理する。一般課程では、従業者の質的向上を図るため、従来の応用課程に含まれていた演習内容を一般課程に移行し、基本的な技能をより確実に習得できるようにする。また、応用課程を同行援護サービス提供責任者向けの内容に特化・充実させることで、サービス提供の管理・監督の質を向上させる。養成研修に必要な時間は、一般課程は28時間、応用課程は6時間とする。
② 「盲ろう者向け通訳・介助員養成研修事業」による研修の修了者の負担軽減
　　「盲ろう者向け通訳・介助員養成研修事業」による研修の修了者に対し、重複負担を

軽減するためカリキュラム受講の一部免除を明示する。

　これらの方針に基づき、同行援護従業者養成研修カリキュラムは改正され、2025（令和7）年4月1日より新カリキュラムに基づく研修が実施されます。

　本書は、この新カリキュラムに準拠し、新たに執筆・編集された研修テキストです。従業者が現場で直面する課題に対応できる実践的な知識と技術を習得できるよう構成されており、視覚障害者支援の専門性を深めるとともに、利用者の生活の質の向上を目指した内容となっています。なお、本テキストの作成においては、利用者の権利保障の視点を重視し、障害の社会モデル・人権モデルの理念に基づいて執筆しました。

　本書を、都道府県や各種研修機関での同行援護従業者養成研修に幅広くご活用いただければ幸いです。また、講師や関係者の皆様からの貴重なご意見を反映し、さらなる改善を図りながら、より実践的な内容の充実を追求してまいりたいと考えています。障害者福祉にかかわるすべての方々とともに、より良い支援体制の構築に向けて、本書が役立つことを願っております。

　最後に、本書の作成にあたり多大なご協力をいただいた関係者の皆様に深く感謝申し上げます。本テキストが、視覚障害者（児）の生活の質の向上に寄与し、同行援護制度のさらなる発展に貢献することをお祈り申し上げます。

2025（令和7）年2月

編集代表　中野泰志

本書の利用法について

　視覚障害のある方への同行援護は、障害者総合支援法に基づく自立支援給付の一環として位置づけられています。このサービスは、従来の移動支援とは異なる障害福祉サービスであり、単なる移動支援にとどまらず、情報提供を含む外出時の同行支援を行うものです。そのため、全国の都道府県には一定水準の同行援護を提供するための研修実施が義務づけられています。

　本書は、研修用テキストとして共通の指針を提供することで、地域間の格差を解消し、支援の質を向上させることを目的に作成されました。本書を活用することで、厚生労働省が定めるカリキュラムに準拠した研修を全国で統一的に実施することが可能です。受講者はもちろん、自治体や研修担当者、講師の方々にもご活用いただき、研修における共通認識を形成する一助となれば幸いです。

1. 厚生労働省が示す研修内容を網羅する

　本書は、厚生労働省が提示する同行援護従業者養成研修のカリキュラムに基づいて作成されています。一般課程および応用課程に必須の項目を網羅しており、各項目を研修に漏れなく組み込むことで地域格差の解消に寄与します。

　都道府県の担当者および研修の企画者は、カリキュラム内容を十分に理解し、統一された質の高い人材育成を目指してください。特に、各項目の実施状況や時間配分について、講師と密に連携しながら進めることが求められます。

2. 支援場面での技術を柔軟に応用する

　同行援護では、利用者の状況やニーズに応じた柔軟な対応が求められます。本書で紹介する標準的な支援技術は、安全性を確保するための基本となるものですが、すべての場面に適用できるわけではありません。また、利用者の心身の状態や希望に応じて技術を調整することも重要です。ただし、標準的な支援技術を変更する場合には、安心・安全への影響を考慮してください。

　例えば、移動支援では同行援護従業者の肘の上を握る姿勢を推奨していますが、利用者が肩に手を添える方法を希望する場合には、メリット・デメリットを説明したうえで柔軟に対応してください。電車の乗降支援においても、手すりの利用が基本ですが、利用者の希望も重視しつつ、安全を第一に考えた対応が必要です。

　支援技術の基本は「安全性の確保」であり、本書を参考に、利用者に安心感を与える支援を実現してください。

3. 講師の選定と実技科目での配慮

　研修の成果は講師の指導力に大きく依存します。本書に記載されている支援技術は、合理的な背景をもつものであり、講師はその理由を受講者にわかりやすく伝える必要があります。知識・技術を伝達するだけでなく、その意義を深く理解させる指導が求められます。

また、視覚障害のある方への支援では、利用者ごとのニーズや状況に応じた個別対応が必要です。例えば、歩行訓練を受けた方と未経験者では技術の習熟度が異なるため、それぞれに応じた実技演習を工夫してください。移動技術を受講者に押し付けるのではなく、選択肢を提示し、利用者が安心して選べる支援を提案する姿勢が重要です。

4. 新カリキュラムに基づいた研修の実施

　2025（令和7）年4月1日から、新しい同行援護従業者養成研修カリキュラムが施行されます。一般課程の研修時間は28時間、応用課程は6時間に変更され、内容が再編成されました。一般課程では、従業者の支援技術向上を目指し、応用課程では管理者向けの専門性を強化しています。

　新カリキュラムの趣旨を十分に理解し、時間配分を適切に設定してください。厚生労働省が定めた時間数は最低限確保すべき基準であり、時間の短縮は認められません。一方、演習の際には、必要に応じて時間を延長し、充実した研修を実施してください。

5. 本書と動画教材の併用

　同行援護の技術は、文章だけでは理解しにくい場合があります。本書と併せて、YouTubeなどの動画配信プラットフォームやオンライン動画教材を活用することを推奨します。ただし、動画視聴のみで終わらせず、視聴後に実技演習を行うことで、技術の習得を確かなものにしてください。

●全体の効果を上げるために

　本書は、同行援護従業者養成研修の共通基盤として機能するテキストです。適切な計画と実施を通じて、支援技術の向上と受講者の成長を支援することを期待しています。

養成研修の企画について

　同行援護は、障害福祉サービスにおける重要な支援の一つです。各都道府県で同行援護従業者養成研修が実施されていますが、研修の内容や運営に地域格差がある点が課題とされています。都道府県が養成研修事業所を指定し、それぞれが独自に運営を行うことで、研修の位置づけや方法に差が生じているためです。

　同行援護従業者養成研修は、視覚障害のある方への移動支援やコミュニケーション支援を含む、外出時の包括的な支援を安全かつ効率的に行う技術を習得することを目的としています。新しいカリキュラムでは、支援技術や管理能力の向上を目指して再編成が行われました。一般課程では従業者の技能向上に重点を置き、応用課程では管理・監督の専門性を強化しています。また、盲ろう者向け通訳・介助員養成研修修了者への免除科目も設けられています。

　研修の企画者や運営者は、新カリキュラムの趣旨を十分に理解し、従来以上に効果的な研修を実施する必要があります。本書では、このような課題を解決するため、養成研修企画のポイントを整理しました。以下の各項目を参考に、企画と運営を進めてください。

1. 養成研修の内容は、告示された科目と時間数を厳守する

　同行援護従業者養成研修カリキュラムでは、講義と演習の区分ごとに科目と時間数が告示されています。この規定された科目と時間数をすべて満たさなければ、修了証書を発行することはできません。告示の時間数を満たさない場合、修了要件を満たしたことにはなりません。研修を計画する際には、告示内容を十分に確認し、規定どおりの時間数を確保してください。また、盲ろう者向け通訳・介助員養成研修修了者には、免除科目が設定されています。

2. 養成研修のカリキュラム時間数を増やし、支援技術の習得を確実にする

　新カリキュラムでは、一般課程が28時間、応用課程が6時間に設定されています。告示された時間数は厳守する必要がありますが、支援技術の確実な習得を目指し、さらに時間数を増やす工夫が求められます。例えば、科目数を増やす、または演習時間を追加することで時間を延長するなどの工夫が考えられます。

　特に演習では、受講者が支援技術を確実に習得できるよう、状況に応じて柔軟に時間を調整してください。例えば、ある自治体では一般課程に「障がい者の人権」に関する2時間の講義を追加して実施し、カリキュラムを充実させています。

　新カリキュラムの趣旨を理解し、受講者の学びがより深まるよう、時間数の適切な増加や内容の工夫を心がけてください。

3. ベストの講師を選出し、研修の効果を上げる

　講師の選定については、「居宅介護職員初任者研修等について」(平成19年1月30日障発第0130001号　厚生労働省社会・援護局障害保健福祉部長通知)で、講師要件の判

断は各都道府県に委ねられています。都道府県は、各科目に適した講師要件を定め、受講者が支援技術を効果的に習得できるよう工夫する必要があります。

　例えば、ある自治体では、「視覚障害者（児）の心理」の講師に視覚障害当事者で研修講師の経験が豊富な人を選任し、実体験を踏まえた講義を行っています。研修の担当者は、各科目に最適な講師を選定することで、研修の効果を上げる努力をしてください。

　演習では、外出支援技術に精通した歩行訓練士などの専門家を選任することが重要です。演習の講師には、外出支援技術に精通し、多様な状況に対応できる実務経験が求められます。

　講師の選定は研修の成否を左右します。受講者が現場で自信をもって支援にあたることができるよう、講師の選定には十分な配慮をしてください。

4．各科目の講義内容と時間配分を適切に設定する

　同行援護従業者養成研修を立案する際は、告示で定められた科目と時間数に基づき、講義内容と時間配分を慎重に設定する必要があります。研修を企画する際には、講師と密に連携し、各科目で受講者が効率よく学習できるよう、適切な時間配分を計画してください。告示に定められた科目と時間数、及び盲ろう者向け通訳・介助員養成研修修了者の免除科目、本書の構成との対応関係は次ページの表のとおりです。

告示に定められたカリキュラム

一般課程

区分	科目	基本時間数	免除後時間数
講義	外出保障	1	1
	視覚障害者の理解と疾病①	1	1
	視覚障害者の理解と疾病②【免除】	0.5	0
	視覚障害者（児）の心理	1	1
	視覚障害者（児）福祉の制度とサービス【免除】	1.5	0
	同行援護の制度	1	1
	同行援護従業者の実際と職業倫理【免除】	2.5	0
講義・演習	情報提供	2	2
	代筆・代読①	1	1
	代筆・代読②【免除】	0.5	0
演習	誘導の基本技術①	4	4
	誘導の基本技術②【免除】	3	0
	誘導の応用技術（場面別・街歩き）①	4	4
	誘導の応用技術（場面別・街歩き）②【免除】	1	0
	交通機関の利用	4	4
	合計	28	19

※【免除】のある科目…「盲ろう者向け通訳・介助員養成研修事業」の研修修了者は受講が免除される科目

本書の目次

第Ⅰ編　一般課程

第1章　外出保障
第2章　視覚障害の理解と疾病
　第1節　視覚障害の理解
　第2節　視覚障害と疾病の理解【免除】
第3章　視覚障害者（児）の心理
第4章　視覚障害者（児）福祉の制度とサービス【免除】
第5章　同行援護の制度
第6章　同行援護従業者の実際と職業倫理【免除】
第7章　情報支援と情報提供
第8章　代筆・代読
　第1節　代筆・代読　基礎編
　第2節　代筆・代読　実践編【免除】
　第3節　演習：体験を通して学ぶ代筆・代読
第9章　誘導の基本技術
　第1節　基本技能Ⅰ（基本姿勢など）【免除】
　第2節　基本技能Ⅱ（誘導など）
第10章　誘導の応用技術
　第1節　街歩きの支援技術
　第2節　場面別支援技術【免除】
第11章　交通機関の利用

応用課程

区分	科目	時間数
講義	サービス提供責任者の業務	1
	様々な利用者への対応	1
	個別支援計画と他機関との連携	1
	業務上のリスクマネジメント	1
	従業者研修の実施	1
	同行援護の実務上の留意点	1
	合計	6

第Ⅱ編　応用課程

第1章　サービス提供者の業務
第2章　さまざまな利用者への対応
第3章　個別支援計画と他機関との連携
第4章　業務上のリスクマネジメント
第5章　従業者研修の実施
第6章　同行援護の実務上の留意点

目次

はじめに
本書の利用法について
養成研修の企画について

第Ⅰ編　一般課程 …………………………………………………… 1

第1章　外出保障 ………………………………………………… 2
　1　外出保障という考え方 …………………………………… 2
　2　視覚障害者（児）の外出保障の歴史 …………………… 3
　3　視覚障害者（児）の外出保障の現状 …………………… 6
　4　まとめ ……………………………………………………… 8

第2章　視覚障害の理解と疾病 ………………………………… 9
第1節　**視覚障害の理解** ……………………………………… 9
　1　視覚障害とは ……………………………………………… 9
　2　視覚障害と生活上の困難さ・不便さの関係 …………… 10
　3　視覚障害により生じる不便さ …………………………… 13
　4　不便さを軽減するための視覚情報提供の考え方 ……… 16
　5　見え方・見えにくさの理解 ……………………………… 17
　6　まとめ ……………………………………………………… 20
第2節　**視覚障害と疾病の理解【免除科目】** ……………… 21
　1　視覚障害と疾病 …………………………………………… 21
　2　眼疾患と見え方・見えにくさの関係 …………………… 25
　3　重複障害の理解 …………………………………………… 28
　4　まとめ ……………………………………………………… 30

第3章　視覚障害者（児）の心理 ……………………………… 31
　1　障害者（児）の心理を学ぶ前に ………………………… 31
　2　視覚障害者（児）の心理に影響を及ぼす要因 ………… 32
　3　家族の心理 ………………………………………………… 37
　4　外出時の心理 ……………………………………………… 38
　5　まとめ ……………………………………………………… 40

第4章 視覚障害者（児）福祉の制度とサービス【免除科目】…… 41

1 障害者福祉の動向 …… 41
2 主要な法律における障害者の定義 …… 42
3 障害者福祉の基盤となっている主要な法律 …… 45
4 障害者総合支援法における障害福祉施策の実際 …… 47
5 視覚障害者が利用できる施設等 …… 49
6 障害者を対象としたその他の制度 …… 50
7 まとめ …… 53

第5章 同行援護の制度 …… 54

1 同行援護以前の外出支援制度の歴史 …… 54
2 同行援護制度の概要 …… 55
3 他の外出支援制度等との関係 …… 60
4 まとめ …… 62

第6章 同行援護従業者の実際と職業倫理【免除科目】…… 63

1 同行援護の定義と同行援護従業者の役割 …… 63
2 同行援護従業者としての活動の流れ …… 63
コラム 利用者ができることを取らない …… 65
コラム セクシャルハラスメントについて …… 66
3 活動中の留意点 …… 66
4 利用者の多様性の理解 …… 67
5 外出中のリスクについて …… 70
6 同行援護従業者の職業倫理 …… 73
7 まとめ …… 75

第7章 情報支援と情報提供 …… 77

1 情報支援・情報提供とは …… 77
2 利用者と同行援護従業者の間の情報ギャップ …… 80
3 場面別情報提供の実際 …… 83
4 情報提供時の留意点 …… 87
5 まとめ …… 88

第8章 代筆・代読 ……………………………………………………… 89

第1節 **代筆・代読　基礎編** …………………………………… 89
1　同行援護における代筆・代読の重要性と位置づけ ………… 89
2　代筆支援のポイント ……………………………………… 92
3　代読支援のポイント ……………………………………… 96
4　まとめ ………………………………………………………… 99

第2節 **代筆・代読　実践編【免除科目】** ……………………… 100
1　場面別の代筆・代読の実際 ……………………………… 100

コラム 個人情報の記入の際の留意点 ………………………… 100
コラム 金融庁の取り組み ……………………………………… 101
2　代筆の際の一般的な留意点 ……………………………… 101
3　代読の際の一般的な留意点 ……………………………… 102
コラム 代筆・代読におけるガイドヘルパーの心得 ……… 102

第3節 **演習：体験を通して学ぶ代筆・代読** …………………… 103
1　代筆（20分程度）………………………………………… 103
2　代読（20分程度）………………………………………… 103
コラム 弱視（ロービジョン）の見え方・見えにくさを体験するキット … 104
3　代筆・代読支援の理解と実践を深めるために ………… 104
コラム 点訳・音訳 ……………………………………………… 106

第9章 誘導の基本技術 ……………………………………………… 107

第1節 **基本技能Ⅰ（基本姿勢など）【免除科目】** ……………… 107
1　誘導の考え方 ……………………………………………… 107
2　あいさつ …………………………………………………… 108
3　基本姿勢 …………………………………………………… 108
4　やってはいけないこと …………………………………… 111
5　歩き出し …………………………………………………… 112
6　止まる ……………………………………………………… 112
7　曲がる ……………………………………………………… 112
8　方向転換 …………………………………………………… 113
9　狭いところの通過 ………………………………………… 113
10　ドアの通過 ………………………………………………… 115

第2節 **基本技能Ⅱ（誘導など）** ………………………………… 118
1　スロープ …………………………………………………… 118
2　溝などをまたぐ …………………………………………… 118

		3	段差	119
		4	階段	122
		5	いすへの誘導	127
		6	エスカレーター	129
		7	エレベーター	132

第10章　誘導の応用技術 ……133

第1節　街歩きの支援技術 ……133
1　あらゆる場面に共通する支援 ……133
2　街歩き（環境に応じた歩行） ……138

第2節　場面別支援技術【免除科目】 ……144
1　病院・薬局の支援 ……144
2　買い物時の支援 ……145
3　行政などの窓口での支援 ……146
4　金融機関での支援 ……146
5　会議・研修など ……148
6　余暇活動 ……149
7　冠婚葬祭 ……150

第11章　交通機関の利用 ……151
1　電車の乗降 ……151
2　バスの乗降 ……154
3　車（タクシー等）の乗降 ……156
4　航空機の乗降 ……157
5　船の乗降 ……158

第Ⅱ編　応用課程 ……161

第1章　サービス提供者の業務 ……162
1　同行援護提供の仕組みと事業所の役割 ……162
2　同行援護にかかわる者の役割 ……164

第2章　さまざまな利用者への対応 ……170
1　さまざまな利用者 ……170
2　歩き方等に応じた誘導方法 ……174

第3章　個別支援計画と他機関との連携 ……………………………… 177
　　1　サービス等利用計画について ……………………………… 177
　　2　個別支援計画の策定について ……………………………… 178
　　3　関係機関との連携と留意点 ………………………………… 179

第4章　業務上のリスクマネジメント ………………………………… 181
　　1　事業所のリスクマネジメント ……………………………… 181
　　2　同行援護従業者のリスクマネジメント …………………… 182
　　3　事故発生時の管理体制 ……………………………………… 182

第5章　従業者研修の実施 ……………………………………………… 185
　　1　従業者研修の内容 …………………………………………… 185
　　2　研修開催の方法 ……………………………………………… 186
　　3　従業者の質の向上のための工夫 …………………………… 186
　　4　研修計画立案 ………………………………………………… 187

第6章　同行援護の実務上の留意点 …………………………………… 189
　　1　市町村の支給決定について ………………………………… 189
　　2　他制度との関係 ……………………………………………… 190
　　3　「社会通念上適当でない外出」とは…？ ………………… 190
　　4　雇用施策との連携 …………………………………………… 191
　　5　ガイドヘルパーの運転中における報酬請求の禁止 ……… 191
　　6　請求業務にあたっての留意点 ……………………………… 192

編集代表、執筆者および執筆分担、編集協力

第Ⅰ編 一般課程

第1章 外出保障

本章の目的 | 人の生活における外出の意義について考えるとともに、視覚障害者（児）の外出保障の歴史や現状について理解します。

1 外出保障という考え方

(1) 日常生活・社会生活を送るうえでの外出の重要性

　人は日常、自由に外出をしています。自由に外出できるということは普通で当たり前のことです。買い物や散歩などの日常生活を営んだり、友達や地域の人たちなどとつながり、社会生活を送るうえで、外出は必要不可欠です。

　例えば、教育を受けるために小学校、中学校、高等学校などに「通い」ます。学校では、勉強することだけでなくさまざまな体験をします。友人ができたり部活動などに参加したりすることもあります。

　高等学校を卒業して専門学校や大学に進学する人もいます。初めての地域で生活し、新しい人間関係を構築し、アルバイトなどの経験をしたりします。また、就職して会社に行くことで、収入を得るだけでなく、同僚や先輩・後輩と交わりながら社会的立場を構築していきます。

　買い物に行くことは日常生活の衣食住を支えるだけでなく、楽しみや喜びといった感情を生み生活に色どりを加えます。通院するということは健康な生活を維持するために絶対に必要な行動です。診察してもらう、病気を発見する、治療する、薬をもらうということが日々の健康な生活を支えてくれています。

　趣味や娯楽での外出はそれぞれの人生を豊かにします。旅に出れば、電車に乗り、バスに乗り、自然に触れ、名所旧跡を見学することで日常から離れ、心に潤いを与える時間を得ることができます。

　人が外出する目的、方法、時間、場所はさまざまですが、この前提として、外出に関する制限・制約がないことが基本となります。いつでも・どこでも・行きたいところへ行ける権利を保障する、つまり、自由に外出できるということが、個々人の日々の生活を成立させ、あらゆる社会参加が可能になり、自己実現につながっていくのです。

(2) 外出が困難になることの影響

　病気や突然の事故で外出ができない状態になったらどうでしょうか。例えば、学校に行けなくなると、勉強だけでなく、友達との活動もできなくなり、人格形成にも影響が出てしまう可能性があります。会社に行けなくなると、仕事ができない、収入が得られないと

いうことだけではなく、社会参加の手段そのものを失うということになってしまいます。買い物に行けなくなると、日々の食事もできず、生活そのものが成り立たなくなってしまいます。通院ができなくなると、病気の発見や予防・治療に支障をきたし寿命を縮めるということにもなりかねません。趣味や娯楽などでの外出ができなくなると、人生の楽しみや生きがいを失うということにもなります。つまり、外出が困難になることは、家から外に出られないだけでなく、日常生活や社会生活のほとんどすべての活動、つまり、生きていくことが困難になることを意味しています。

(3) 外出保障の意義

　外出は生きていくうえで欠かすことのできない大切な活動です。また、自由な外出を保障することは、障害者の人権および基本的自由の享有を確保し、障害者の固有の尊厳を守るうえで、必要不可欠です。しかし、社会には、障害者が安心して安全に外出することを妨げている障壁（バリア）が数多くあります。特に、視覚障害者（児）にとっては、点字ブロックが整備されていない道路、音の出る信号機が設置されていない横断歩道、ホームドアのない駅ホーム、点字ブロックの上に置かれた自転車や荷物、視覚障害者（児）にぶつかってくる「歩きスマホ」の人などの社会的障壁が数多くあり、安心して、安全に外出することが困難です。これらの社会的障壁をなくすことは、社会の責務ですが、点字ブロックや音の出る信号機などの物理的なバリアフリー環境整備はすぐにできるわけではありません。そこで、必要になってくるのが、外出保障という考え方です。物理的環境の整備だけでなく、同行援護従業者などの人的支援などを駆使して、自由に外出できることを社会システムとして保障しようという考え方です。

2　視覚障害者（児）の外出保障の歴史

(1) 視覚障害者（児）の外出保障の始まり

　外出保障という考え方のなかった時代、視覚障害者（児）の外出は個人の問題でしかありませんでした。家族や友人の支援で外出するか、自分の責任・努力で外出するしかなかったのです。制度や環境が整備されていない時代の外出は視覚障害者（児）にとって大きな危険を伴うものでした。
　1949（昭和24）年に身体障害者福祉法が成立し、障害者の社会的な保護が考えられることになりました。この法律は、第二次世界大戦の敗戦による傷痍軍人の救済が出発点となったものです。その結果、視覚障害者（児）についても考えられることになりました。
　1960（昭和35）年には道路交通法で白杖をもった視覚障害者（児）の保護が定められ、白杖が一般の人に知られることになり、視覚障害者（児）が単独で外出することが社会的に認知されるようになりました。
　1960年代後半には点字ブロックが発明され、視覚障害者（児）に歩行訓練を始めとしたリハビリテーションを提供する視覚障害者更生施設が登場しました。また、現在の音響

式信号機が登場したり、日本で初めて厚生省（現・厚生労働省）の認可を得た盲導犬協会もスタートしました。アメリカでは、建築物の障壁（バリア）をなくすというバリアフリーの考え方も出てきました。

同行援護制度が誕生するまでの歴史については、第5章で説明しますが、視覚障害者（児）の外出を保障するための取り組みの歴史は古く、最初は、ボランティアによって実施されていました。公的なガイドヘルパー派遣制度は、1974（昭和49）年にスタートしましたが、地域活動促進費のメニュー事業であったため、視覚障害者（児）からのニーズや各自治体の財政状況等によって、サービスの内容に格差が生じていました。この格差をなくし、サービスの量と質を向上させるために、視覚障害当事者団体は、国や自治体等に対してさまざまなはたらきかけを続けてきましたが、法律や制度が大きく見直されるきっかけは、世界中で展開された障害に対するとらえ方の変化でした。

(2) 旧来の障害のとらえ方：国際障害分類（ICIDH）

視覚障害者（児）の外出のバリアになっていたのは、物理的な環境だけではありませんでした。障害が個人の問題としてとらえられていた時代には、自分の障害を地域の人たちに知られたくない、人に見られたくないなどの理由で外出の機会が奪われてしまった人たちも多くいました。

そもそも障害とは何でしょうか？　病気や損傷との違いは何でしょうか？　障害に伴う困難さの原因は何で、誰がどのように解消すればよいのでしょうか？

病気や障害のとらえ方は、世界保健機関（WHO）が決めていますが、時代とともに変化しています。WHOが初めて障害を定義したのは、1980年のことで、国際障害分類（ICIDH）と呼ばれています。ICIDHでは、病気（疾病）や損傷が原因で、心身の機能が障害（機能障害）を受け、その結果、移動や読み書きなどの能力に障害（能力障害）が生じ、能力に障害があるために、就労などの際に不利益を被る（社会的不利）という階層構造で障害を定義しています。この障害のとらえ方に基づけば、視覚障害とは、病気や事故等で視力が低くなったり、視野が狭くなったりした結果、道路や信号等を視覚で確認することができなくなったことが原因で、外出が困難になり、仕事や勉強などを続けることが困難になるという不利益を被っている状態だととらえられていました。

ICIDHでは、障害を心身の機能だけでなく、能力や社会参加との関係で整理してあるため、わかりやすいと感じるかもしれません。しかし、この定義に基づくと、視覚障害者（児）が外出できない原因は、病気や事故等で見えない・見えにくい状態になってしまったという個人的な問題と見なされていました。また、外出するためには、見える人たちとは異なる方法、例えば、白杖などを使って移動するための訓練（歩行訓練）を受けたり、家族や友人などの親しい人にガイドをお願いしたりする必要があります。その際、自分の障害を地域の人たちに知られたくないために、白杖など外見で視覚障害があることがわかる道具を使うことに躊躇したり、外出をためらったりすることもありました。

図表 I-1-1　国際障害分類（ICIDH）の概念図

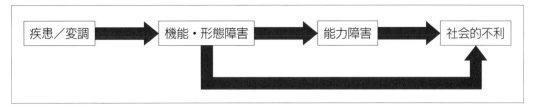

(3)新たな障害のとらえ方：障害の社会モデルと国際生活機能分類（ICF）

　ICIDHでは、病気や損傷などで視覚障害になったことが問題であり、そのために、道路や信号等を確認することができなくなり、安心して、安全に外出することが困難になるのだと考えられてきました。つまり、外出ができないのは、視覚障害になった個人の問題だと考えられてきたわけです。そのため、家族や友人などに援助をお願いしたり、歩行訓練を受けたりという個人の努力で困難さを解決（見えない・見えにくいという障害を克服）するしかないと考えられてきました（障害の個人モデルもしくは医学モデルと呼びます）。

　これに対して、視覚障害者（児）が外出できないのは、視覚障害者（児）が外出することを想定せずに、道路や信号などをつくったり、ガイドヘルプなどを必要とする人たちのための制度を構築しなかった社会のあり方が原因だというとらえ方（障害の社会モデルと呼びます）がでてきました。つまり、街や制度などをつくる際に、障害のある人たちのことを想定しなかったためにできてしまった社会的障壁が障害であるととらえているわけで

図表 I-1-2　国際生活機能分類（ICF）の概念図

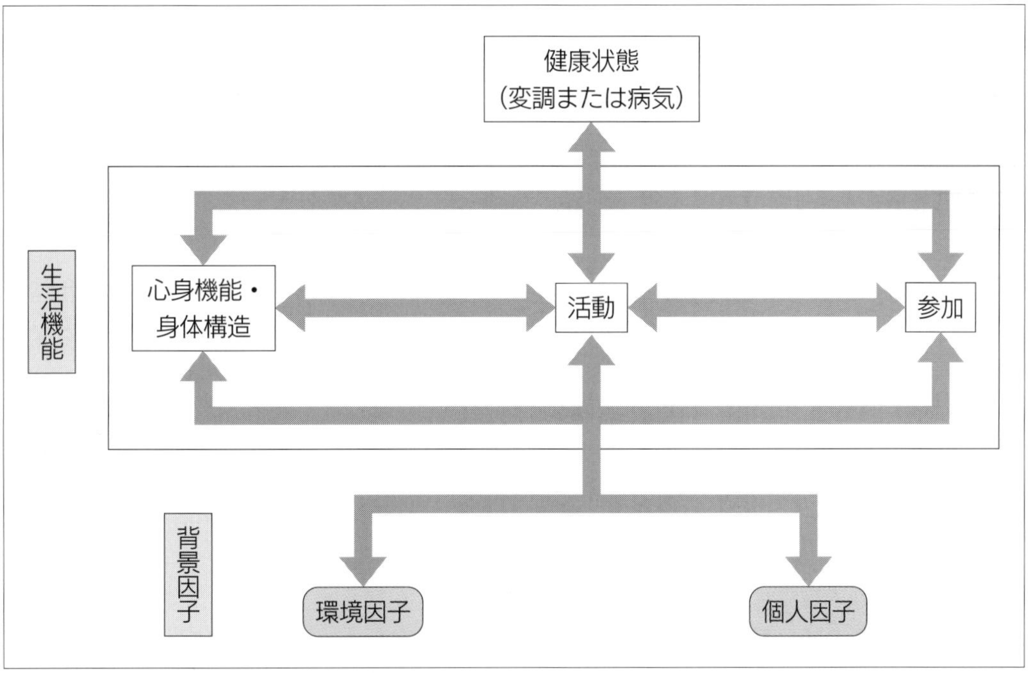

出典：障害者福祉研究会編『ICF 国際生活機能分類―国際障害分類改定版』中央法規出版, p.17, 2002. を一部改変

す。そのため、障害のある人たちが、ほかの人たちと同じように活動したり、参加したりすることを阻んでいる社会的障壁を除去するのは、社会の責務であると考えられます。

　WHOは、障害の社会モデルの考え方を統合し、国際生活機能分類（ICF）という新しい障害の定義を2001年に採択しました。ICIDHでは、「障害」というマイナス面だけに注目していたのに対して、ICFでは、「生活機能」というプラス面に注目しています。また、障害のある人を取り巻く環境（物理的環境だけでなく、社会的支援や法制度なども含みます）が、個人の生活や活動に影響を及ぼすという考え方が導入されました。つまり、視覚障害者が遭遇する生活上の困難さは、点字ブロックやホームドアなどの物理的環境、同行援護従業者などの社会的支援、同行援護などの法制度の整備状況によって異なることが理論的に位置づけられたわけです。同行援護では、地域によるサービスの格差が問題にされてきましたが、ICFに基づけば、地域によって環境因子に違いがあることが原因だと整理することができます。

(4) 法制度の整備

　WHOによる障害のとらえ方が変化したことに呼応して、法制度も変化してきました。特に、2006年に国際連合で採択され、2008年に発効された「障害者権利条約」では、障害者が人権を享受する権利を保障するための具体的な行動を各国政府に義務づけています。この障害者権利条約の第20条（個人の移動を容易にすること）には、「締約国は、障害者自身ができる限り自立して移動することを容易にすることを確保するための効果的な措置をとる」ことが記載されており、外出保障の重要性が明記されています。障害者権利条約を受け、2013（平成25）年に、日本にも、「全ての国民が、障害の有無によって分け隔てられることなく、相互に人格と個性を尊重し合いながら共生する社会の実現に向け、障害を理由とする差別の解消を推進することを目的」とした「障害を理由とする差別の解消の推進に関する法律」（障害者差別解消法）が制定されました。

3　視覚障害者（児）の外出保障の現状

　視覚障害者（児）の外出を保障するためには、点字ブロックやホームドアなどの物理的環境だけを整備すればよいわけではありません。積極的に外出したいという気持ちを保障する精神面での支援、同行援護従業者の派遣など制度面での支援、公共交通機関における人的サポート等も必要です。また、障害に対する人々の意識上のバリアも影響します。以下、外出保障に必要な事項の概略を示します。

(1) 外出したいという気持ちの保障

　まず、外出しようという気持ちを保障するということがスタートになります。例えば、中途視覚障害者の多い現代の日本で、障害の状態になった人がそれまでのように外出しようと思えるでしょうか？　思いはあったとしてもその困難さの前で立ちすくむことにもなりかねません。白杖を手に入れてもすぐにそれで自由に外出できるでしょうか？　そもそ

も白杖を持つことにさえ抵抗を感じる人も少なくありません。そのため、専門家による相談体制が整うことが重要となり、医療と福祉・教育のスムーズな連携を支えるためのスマートサイトや中間型アウトリーチ等が注目されています。また、障害者に対する意識上のバリアの解消や心のバリアフリーを推進する取り組みが行われています。

(2)外出方法の選択肢の保障

　視覚障害者（児）の外出方法には、白杖、盲導犬、同行援護従業者等、さまざまな方法があります。本来、さまざまな選択肢が保障されていて、ニーズに応じて、自由に選択できるようになっていることが必要です。常に、単独で外出したい人もいれば、近隣だけは単独で外出したい人もいますし、家族や友人等にサポートをしてもらうことを望む人もいます。もちろん、同行援護も選択肢の一つです。それぞれニーズに応じて、希望する外出方法は異なるわけですが、居住している地域等によって、環境も福祉制度の充実度も異なるため、必ずしも希望どおりにならない場合もあります。

(3)自立に向けた訓練や教育の保障

　白杖や盲導犬を利用して外出するための歩行訓練、身だしなみや調理等の技術を学び、日常生活や社会生活上の困難さを改善するためには、自立を支援するための訓練や教育を受ける場も保障されている必要があります。自立のための訓練や教育は、リハビリテーションや特別支援学校等で受けることが可能です。また、白杖、義眼、眼鏡等の補装具や点字ディスプレイ、音声化ソフト等の日常生活用具等の福祉用具を支給・給付・貸与する制度もあります。なお、最近では、医療機関で支援組織を紹介するスマートサイトというシステムやリーフレットで紹介する取り組みが行われています。

(4)物理的な環境（ハード面）の整備

　視覚障害者が外出する際には、安心して安全に移動できるように、歩車道の区別、点字ブロック、エスコートゾーン、音響信号、ホームドア、転落防止柵、触地図、音声案内等の物理的な環境整備が必要です。特に、横断歩道、駅ホーム、踏切等の危険な場所の環境整備は必要不可欠です。なお、物理的な環境整備の詳細は、「高齢者、障害者等の移動等の円滑化の促進に関する法律」（バリアフリー法）に定められています。

(5)人的な支援体制（ソフト面）の整備

　外出するための具体的な方法を知るためには、相談できる仕組みが必要です。自治体の障害福祉課、当事者団体、リハビリテーションセンター、点字図書館（視覚障害情報提供施設）、社会福祉協議会、ボランティアセンター、特別支援学校（盲学校）等に相談窓口が用意されています。また、公共交通機関を利用する際には、駅員等が手引き等のサポートをしてくれる場合があったり、障害者割引制度が用意されている場合があったりします。外出に特化した人的支援としては、移動支援、同行援護、外出ボランティア等があります。

(6) 外出に伴う視覚情報の保障

　外出する前に経路を調べたり、行きたいお店のある場所を探したり、目的地で買い物をしたり、誰かに会ったり、景色を楽しんだりするためには、視覚情報が重要な役割を果たしています。そのため、視覚障害者が安全に安心して外出を楽しむためには、視覚情報の保障が必要不可欠です。また、外出先で読み書きが必要になる場合もあるため、代筆・代読等の意思疎通支援も必要です。

4　まとめ

- 生活における外出の意義、外出が困難になることの影響について説明したうえで、外出保障の意義について解説しました。同行援護従業者は、利用者をただ目的地に誘導するということだけではなく、外出保障を通して、視覚障害者の人権、基本的自由、尊厳を守る役割を果たすことについて紹介しました。
- 外出保障の歴史を、障害の概念の変遷や国内外の法制度と関連させながら解説しました。見えない・見えにくいことが障害なのではなく、街や制度等をつくる際に、視覚障害者（児）のことを想定しなかったためにできてしまった社会的障壁（バリア）が障害であるという「障害の社会モデル」を紹介しました。
- 現在、視覚障害者の外出を保障するために、実施されている取り組み、政策、法制度等について、観点別に解説しました。外出保障は、ハード面やソフト面の整備だけでなく、外出したいという気持ちの支援、多様なニーズに対応できる選択肢の用意、代筆・代読等の情報保障等を含めて考える必要があることを紹介しました。

第2章 視覚障害の理解と疾病

本章の目的 視覚障害者（児）のさまざまな見え方、見えにくさによる不便さ、および同行援護業務において直面する頻度の高い疾病についての留意点を学び、具体的な支援について理解します。

第1節 視覚障害の理解

【本節の内容】視覚障害による不便さ、必要な情報

1 視覚障害とは

(1) 視覚障害の定義

視覚障害とは、一般に、治療（眼鏡やコンタクトレンズを使った屈折矯正を含む）を行っても、視力や視野等の視機能に障害があり、日常生活や社会生活に支障をきたしている状態のことです。視覚障害の原因などの医学的な観点からの説明は、第2節で紹介しますが、通常、視機能の程度によって、「盲」と「弱視（ロービジョン）」に大別されています。つまり、視覚障害のある人のなかには、光も感じない人（全盲）だけでなく、ある程度、見えているけれども、生活上の困難さを感じている人たちを含んでいます。なお、弱視（ロービジョン）の見え方・見えにくさについは、後述します。

(2) 視覚障害を表現するさまざまな言葉

視覚障害は、大別すると、「盲」と「弱視（ロービジョン）」に分けられるわけですが、その他にもさまざまな呼び名で表現されることがあります。同行援護の場面で、利用者とやりとりする際、使われる可能性がありますので、それぞれの用語の意味を理解しておいてください。

盲は、視覚情報をまったく、もしくは、ほとんど得られない状態ですが、全盲（光も感じない）、光覚弁（明暗を区別できる）、手動弁（眼前での手の動きを検出できる）、指数弁（眼前で指の本数を区別できる）等に分類されることがあります。

弱視（ロービジョン）は、ある程度、視覚情報を活用できるけれども、日常生活や社会生活上、困難や不便さを感じている状態です。「弱視」という日本語には、用いられる文脈や領域によって以下の二つの意味があります。一つは、視力の発達が障害されておきた低視力のことで、英語では「Amblyopia（アンブリオピア）」と表現されます。ロービジョ

ンと区別するために、「医学的弱視」と呼ばれることもあります。もう一つは、眼球から視覚中枢に至る視覚系の疾患等が原因で生じる視力や視野等の視機能低下によって、日常生活や社会生活が困難になった状態のことで、英語では「Low Vision（ロービジョン）」と表現されます。医学的弱視と区別するために、「社会的弱視」や「教育的弱視」と呼ばれることもあります。学術的には、誤解が生じないように、英語のまま表現することが多くなっていますが、「弱視」という言葉に慣れている視覚障害者も多いため、本書では、「弱視（ロービジョン）」と日本語と英語を併記しています。

(3) 視覚障害の認定基準

　視覚障害のなかには、弱視（ロービジョン）の人たちが含まれるわけですが、どの程度の視機能障害がある場合に、認定されるのでしょうか？　視覚障害があると認定する基準は、目的によって異なります。医療的な観点では治療の必要性に基づいて（国際疾病分類（ICD））、福祉的な観点では日常生活・社会生活の困難さに基づいて（身体障害者福祉法施行規則別表第5号「身体障害者障害程度等級表」）、教育的な観点では学習上の困難さに基づいて（学校教育法施行令第22条の3）基準が決まっています。また、環境や技術等は刻々と進歩していますので、視覚障害の認定基準も時代とともに変化しています。なお、第5章で説明しますが、同行援護制度の対象者の認定基準（障害支援区分）は、外出の困難さに基づいて決定されるため、医療・福祉・教育とは異なる基準になっています。

(4) 視覚障害者の人数

　視覚障害者の人数は、認定基準によって変化するため、調査によって人数が大きく異なっています。例えば、厚生労働省の全国在宅障害児・者等実態調査（令和4年「生活のしづらさなどに関する調査」）では、視覚障害者（児）は27万3000人（調査当時の日本の人口の約0.22％、約457人に1人という割合に相当）と推計されています。一方、2009（平成21）年の日本眼科医会研究班の報告では、約164万人（調査当時の日本の人口の1.29％、約78人に1人という割合に相当）と推計されています。厚生労働省と日本眼科医会の推計で人数が大きく違っているのは、視覚障害の認定基準が異なっているからです。同行援護制度の対象となる認定基準での全国調査はありませんし、外出の困難さは環境（点字ブロック、音の出る信号機、ホームドア等の整備状況）との関係で決まるので、一概に言えません。なお、日本眼科医会の報告では、視覚障害者の約164万人のうち、盲は18万8000人、弱視（ロービジョン）は144万9000人で、視覚障害者の約88.5％が弱視（ロービジョン）であることがわかっています。

2 視覚障害と生活上の困難さ・不便さの関係

(1) 五感の役割

　人は、視覚だけで世界を認識しているわけではありません。いわゆる五感、つまり、視

覚（見る）、聴覚（聴く）、味覚（味わう）、嗅覚（嗅ぐ）、触覚（皮膚で感じる）を総動員して、さまざまな事物や事象を認識しています。例えば、八百屋でリンゴを試食する場面で、それぞれの感覚の果たす役割を考えてみたいと思います。八百屋は、お店の看板が見えたり、店員の威勢のいい呼び込みの声が聞こえたりすることで遠くから確認できます。看板が見えたのは視覚の、店員の声が聞こえたのは聴覚の役割です。お店に近づくと、果物や野菜の匂いがしてきて、リンゴの甘い香りもしてきます。リンゴの香りがわかったのは嗅覚の役割です。店長がお薦めしてくれた真っ赤な色のリンゴを手に取ると、ツルが太くて果皮に張りとツヤがあり、良さそうです。リンゴの色が確認できたのは視覚の、触った感じは触覚の役割です。そして、試食用に渡された一切れには、中央に黄色い蜜が入っていて、店長が言うとおり、とても甘かったので、一つ買うことにしました。蜜の黄色を判断できたのは視覚の、甘いことが判断できたのは味覚の役割です。このように、日常生活のなかでは、さまざまな感覚からの情報を総合的に活用しているわけです。また、お店の場所を確認する際に、視覚からも、聴覚からも、また、嗅覚からも確認できるように、一つの事物・事象が複数の感覚を通して、確認できる場合もあります。

(2) 五感のなかで視覚がもっている特徴

　五感のそれぞれには独自の特徴があります。視覚は目、聴覚は耳、味覚は舌、嗅覚は鼻、触覚は皮膚というように、情報をキャッチする場所（器官）が異なりますし、受け取ることができる情報の内容も異なります。五感のなかで視覚は最も重要な役割を果たしているといわれていますが、他の感覚と何が違うのでしょうか？　それは、遠方にある事物や離れた場所で起こっている事象等の対象を、その対象が音を発していなくても、また、静止していても、確認できることです。聴覚、嗅覚も遠方の対象を確認できる場合がありますが、それは対象が積極的に情報を発信している（音を出したり、匂いを発したりする）ときだけです。しかも、視覚は、対象の位置、自分と対象との距離（対象と別の対象との距離も含む）、色や形や大きさ等の対象の性質も一瞬にして把握できるという特徴をもっています。このように視覚という感覚は、他の感覚と比較すると、とてもユニークで、豊富な情報をキャッチすることができます。そのため、視覚からの情報が利用できなくなると、さまざまな困難さや不便さに遭遇することになります。

(3) 視覚障害者が生活上の困難さ・不便さに遭遇する理由

　視覚障害者は、日常生活や社会生活のさまざまな場面で困難さ・不便さを感じます。なぜ、視覚障害があると不便なのかといえば、日常生活や社会生活をするうえで、重要な役割を果たしている視覚情報が適切に把握できないからです。例えば、買い物に行く際、特売をしているお店まで移動したり、前方から来た人を避けたり、購入したい商品を探したり、値段や賞味期限等を確認したり、お店の人とアイコンタクトでやりとりをしたり、代金を支払ったり、おつりを受け取ったりするわけですが、すべての場面で、必ず、視覚情報が必要になります。視覚障害があると、聴覚や運動・知的機能等には障害がなかったとしても、広告やお店の看板等の視覚情報が確認できないために、これらの活動を行うことが困難になり、不便に感じるわけです。つまり、視覚障害者が生活上、不便に感じるのは、

さまざまな活動を行う際に必要な視覚情報を確認することができないからなのです。そのため、視覚障害は「情報障害」だといわれてきました。逆にいえば、身の回りにあふれている視覚情報を何らかの方法で、確認することができるようにすれば、不便さは軽減できるはずです。なお、視覚情報は、移動や読み書きに関係する場面だけではなく、対面コミュニケーション場面でも必要です。例えば、視線を合わせたり、相手の表情を確認したりする際にも、視覚情報は重要であるため、対人関係にも影響を及ぼす可能性があります。

(4) 視覚障害になった時期と困難さ・不便さ

　生まれつき、もしくは、視機能が発達する前に視覚障害になった人（先天性視覚障害もしくは早期失明者）と視機能を十分活用できるようになった後で視覚障害になった人（中途視覚障害者）では、困難さ・不便さに違いがあります。先天性視覚障害者の場合、視覚経験をまったく、もしくは、ほとんどしていないのに対して、中途視覚障害者は、見えていた時の視覚経験の記憶があるため、視覚的なイメージを思い浮かべることができます。例えば、文字、絵画、彫刻等の説明をする場面では、視覚経験がない先天性視覚障害者の場合には、言葉を使った説明だけではイメージすることが難しいため、実物を触りながら、説明する必要があります。

(5) ライフステージと困難さ・不便さ

　ライフステージ（乳幼児期、学童期、青年期、成人・壮年期、高齢期等）によって、直面する課題が異なるため、困難さ・不便さは異なります。例えば、学童期には基礎的な学力や社会性等が課題になるのに対して、成人・壮年期には職業的自立や恋人・配偶者・友人等との関係性の構築等が課題になります。そのため、学童期には勉強に関する困難さ・不便さに直面することが多く、成人・壮年期には就労や対人関係の構築に関する困難さ・不便さに直面することが多くなります。

(6) 視覚以外の障害がある場合の困難さ・不便さ

　同行援護の利用者のなかには、視覚以外の障害（聴覚障害、言語障害、肢体不自由、内部障害、知的障害、精神障害、発達障害等）を併せ有する（重複障害）人もいます。そのため、視覚以外の障害に関しても理解を深めていただきたいと思います。なお、視覚障害と聴覚障害を併せ有する場合を一般的に「盲ろう」と呼びます。

　盲ろうの障害の状態・程度は、全く見えず全く聞こえない状態の「全盲ろう」、見えにくく聞こえない状態の「弱視ろう」、全く見えず聞こえにくい状態の「全盲難聴」、見えにくく聞こえにくい状態の「弱視難聴」という四つのタイプに大別されます。

　盲ろうにより生じる主要な困難さや不便さは、「コミュニケーション」「情報入手」「移動」にあるといわれています。視覚障害のみでも同様の困難さ・不便さはありますが、盲ろうの場合、聴覚障害も合併することで、視覚障害を聴覚で補うことが、より難しくなります。そのため、盲ろう者は、これら三つの困難さ・不便さに直面する場面が増えることになります。

① コミュニケーション

　視覚障害者は、他者の声を聞き取り、自分が声を発することで、コミュニケーションを成立させます。一方、聴覚にも障害がある盲ろう者は、他者の声を聞き取ることに困難を生じます。さらに、先天性の聴覚障害により、他者の声を直接聞く経験がないまま成長した場合では、他者が聞き分けられるように声を発することが難しいこともあります。そのため、後述するあいさつや対面のコミュニケーションの場面の不便さはもちろんのこと、そもそもコミュニケーションを成立させること自体に困難が生じることも少なくありません。

　このような困難がある盲ろう者と円滑に意思疎通を図るためには、それぞれの盲ろう者の状況に応じた配慮やコミュニケーション技術が必要になります。全盲難聴や弱視難聴の盲ろう者であれば、近くから、ゆっくり、はっきり話しかけることで、相手が聞き取りやすくなるよう配慮します。弱視ろうの盲ろう者の場合、文字の大きさや太さなどに配慮した筆談、話者との距離や手話の大きさなどに配慮した手話（弱視手話）でコミュニケーションをとります。全盲ろうの盲ろう者の場合、触覚を活用してコミュニケーションをとります。点字筆記、指点字、触手話など、盲ろう者特有のコミュニケーション技術の活用が不可欠になります。

② 情報入手

　一般的に、ニュースや自分の生活に必要な情報は、テレビやラジオ、新聞、雑誌、インターネットなどを見たり、聞いたりすることで得ることができます。視覚障害者であれば、視覚情報を見ることに困難さ・不便さを生じますが、テレビやラジオの音声、文字情報の読み上げ機能、声による対面朗読などの方法で聴覚を活用して、情報を得ることが可能です。一方、盲ろう者の場合、これら聴覚を活用する方法でも情報を得ることに困難さ・不便さが生じ、単独で情報を得ることに著しい困難を伴います。

③ 移動

　盲ろう者の場合も、後述するように、視覚障害による「位置の把握や確認をする際の不便さ」が生じます。加えて、その不便さを解消する、音の出る信号機や誘導チャイム、他者の声かけといった聴覚情報を得ることにも困難さ・不便さがあるため、単独での安心・安全な外出がさらに困難を極めます。

3　視覚障害により生じる不便さ

　視覚障害により生じる不便さの原因は、視覚情報を適切に把握できないことですが、私たちの身の回りには、数え切れないほどの視覚情報があるため、視覚障害者の生活上の不便さは多岐にわたります。例えば、日常生活場面では、洗濯や掃除等の家事をする際に汚れやホコリを確認できない、郵便物の差出人や内容がわからない、買い物や通院等の外出

が不安等の不便さがあります。また、就労場面においては、車の運転ができない、通勤時の安全確保等に苦労する、書類の確認や文書の読み書き等の事務処理に苦労する等の不便さがあります。本来、リラックスするためのレクリエーションの場面においても、美術館・博物館等に点字や拡大文字での説明がない、映画館に音声ガイドがない、スポーツジムを単独で利用させてもらえない、温泉やスパでの手引きをしてもらえない、盲導犬が一緒のため宿泊を拒否された等の不便さがあります。さらに、対人コミュニケーションの場面では、目の前にいる人が、どんな格好をしているのか、どんな表情をしているのかがわからない等の不便さがあります。稀にしか経験しない冠婚葬祭や式典等では、周囲の雰囲気を把握したり、他の参加者の振る舞い等を確認することが難しい等の不便さがあります。このように視覚障害により生じる不便さは、社会生活の全般にわたっています。また、近年、経費削減のため、人的支援を依頼できる従業員が減少したり、さまざまな情報が視覚的に表現されることが増えてきたため、視覚障害者が不便を感じる場面は増えてきています。なお、同行援護では、手引きや代筆・代読に注目が集まりがちですが、視覚障害者は、以下のような場面でも不便さを感じていますので、留意してください。

(1)あいさつの場面での不便さ

　見えている人同士の場合は、相手の名前や自分の名前を言うことなく、いきなり「こんにちは」と声をかけることがあります。見えている人の場合、あいさつをしたい相手の方を向いて、視線を合わせ、お互いに知り合いであることを顔を見て確認し、頷いたり、笑顔になることで、誰が誰に語りかけているかが自明だから、名乗る必要はないのです。しかし、視覚情報を得られない視覚障害者は、「こんにちは」と言われただけでは、誰が誰に話しかけているのかわかりません。自分に対して語りかけられているらしいと思ったとしても、相手が誰なのかわからず困ってしまいます。親しそうに声をかけられた場合には、「どなたですか？」と尋ねるわけにもいかず、戸惑ってしまうことがあります。弱視の場合には、ある程度、視覚活用ができるため、誰かが近づいてきたことや会釈をしてくれたことはわかっても、相手が誰なのかわからず、どんな対応をしてよいかわからないことがあります。また、相手が知り合いだと気づかなかったために無視されたと揶揄されたり、顔の表情がわからず、適切な対応ができないことがあります。そのため、同行援護においては、誰が、誰に対して、どんな気持ちで語りかけているのかがわかるように情報提供をすることを心がけてください。

(2)対面でのコミュニケーション場面での不便さ

　重複障害でない限り、視覚障害者は、聞いたり、話したりする機能には障害はありません。対面でのコミュニケーション場面では、言葉によるやりとりが行われるため、視覚障害者には対面コミュニケーション上の不便さはないのではないかと考えがちです。しかし、言語を介したやりとりにおいても、「あれ」「それ」「これ」等の指示代名詞をはじめ、視覚で確認できないと意思疎通に影響がでる場合があります。また、対話では、手を振る、顔を向ける、視線を合わせる、指差す、ジェスチャーをする、表情や顔色を変える等の言語以外のコミュニケーション（非言語的コミュニケーションもしくはノンバーバルコミュ

ニケーションと呼ばれます）が重要な役割を果たしています。具体的な場面では、初対面の人と名刺交換するときに、相手とのタイミングが計れなかったり名刺を裏返しに渡したりすることがあったり、お店での精算時に、店員が差し出すおつりがうまく受け取れなかったり、握手を求められていても状況がつかめず、タイミングが遅れたり、スムーズに手が出せず、相手に嫌な思いをさせたのではないかと不安になること等があります。そのため、同行援護においては、指示代名詞を使わず、表情等の非言語的情報も言葉でわかりやすく伝えることを心がけてください。

(3) 位置の把握や確認をする際の不便さ

　視覚障害があると、まっすぐ歩くのが難しくなり、左右どちらかに曲がってしまうことがあったり、歩道を歩いていたはずなのに、知らずに車道に出てしまうことがあります。視覚障害のある人がまっすぐ歩けなかったり、車道に出てしまうのは、視覚障害者が利用できる手がかりがないからです。また、建物の近くまで来ることができても、入り口がわからないのも、入り口の場所を示す手がかりがないからです。視覚障害があっても、音の出る信号機のように、向かって歩くべき場所から音が出ていたり、白杖等でたどることができる壁や点字ブロック等があったり、建物の入り口に誘導チャイムや受付の人の声かけ等の視覚以外の手がかりがあれば、まっすぐ歩くことも、車道に出ずに歩くことも、入り口を見つけることも可能です。しかし、手がかりが、視覚でしか確認できない場面では、不便さを感じてしまいます。そのため、同行援護では、視覚的な手がかりを正確に言語化するように心がけてください。

　道路や建物等と違って、ティッシュボックスやゴミ箱等の簡単に動かすことが可能な日用品の場合、視覚障害者は、置く場所を固定しています。そのため、誰かが不用意に場所を移動してしまった結果、必要な物が見つけられなくなってしまうという不便さを感じることが少なくありません。事業所に「ホームヘルパーさんが帰られたら、物がなくなった」というクレームが来ることが少なくないのですが、ホームヘルパーさんがほんの少し元の位置からずれたところに移動させてしまっただけでも、視覚障害者にとっては、なくなってしまったことと同じになってしまうのです。そのため、同行援護においても、不用意に場所を移動しないようにすることが大切です。また、どうしても場所を移動せざるを得ないときには、必ず視覚障害者に伝えるようにしてください。

(4) 周囲の状況を把握する際の不便さ

　私たちの周囲には、視覚情報があふれています。例えば、建物や公共機関等の場所を示す看板、入り口やトイレ等の位置を示すサイン、電車やバス等の行き先を示す電光掲示板、なかには、お店の臨時休業日やお買い得な商品を示す手書きの貼り紙もあります。視覚障害者は、これら文字やピクト等で示された視覚情報を確認する際に不便さを感じます。しかし、それだけでなく、お店やトイレ等の前に行列があるのかどうか、何人くらい並んでいるのか、どこに並べばよいのか、どのタイミングで、どの方向に進めばよいのか等がわからず、不便さを感じざるを得ません。また、会議等に参加した際に、他の参加者がどんな身だしなみで参加しているのか、人数は何人くらいなのか、知り合いは参加しているの

か、自分はどこに座るべきなのか等がわからず、戸惑ったり、会議中も、発言するタイミングを逸してしまったり、沈黙の時間に他の人たちがどんな様子なのかがわからず、困ることがあります。余暇で体操やヨガをするような場面においても、インストラクターの動作が見えなかったり、他の参加者の様子がわからず、困ることがあります。そのため、同行援護においては、周囲の状況を説明する際、物理的な環境だけでなく、全体の状況や他の人の様子等も伝えるように心がけてください。

4 不便さを軽減するための視覚情報提供の考え方

　上述の説明は、視覚障害者の生活上の不便さのごくごく一部ですが、同行援護の場面では、視覚情報を適切に情報提供し、視覚障害者の不便さを軽減する必要があります。具体的な場面での視覚情報の提供方法の具体例は、第7章以降で解説しますが、ここでは、視覚情報提供を行ううえでの基本的な考え方を紹介します。

(1) 視覚障害者自身で行っている工夫

　視覚補償の基本原理について説明する前に、視覚障害者は、視覚以外の感覚である聴覚、味覚、嗅覚、触覚を積極的に活用し、自分自身で情報を補償しようとしていることを知っておいてください。例えば、白杖が物に当たる音、車の音、音響信号の音、車内アナウンス、販売員の声、工事現場の音、子どもたちの歓声、鳥のさえずり等の聴覚情報、お店から漂ってくるカレーやソースの匂い等の嗅覚情報、何かを触ったときの手触りや点字ブロックを踏んだときの足裏の感覚等の触覚情報を活用しつつ、記憶や知識等を総動員して、場所や対象等を把握している場合があります。つまり、視覚に頼らずに、環境を認知する方法を体得しているわけです。なかには、音の響き方の変化から障害物を感じ取ったり、風の流れの変化から通路を発見したり、路面のアップダウンや手引きをしてくれているヘルパーの腕や身体の微妙な動きから自分の居場所を言い当てる人もいます。ただし、視覚に頼らずに環境を認知する能力は、視覚障害の程度、視覚障害になってからの時間や経験等によって変わりますので、すべての視覚障害者が同じ能力を有しているとは考えないでください。なお、弱視（ロービジョン）の人の場合、ある程度、視覚情報を活用できますが、後述するように、視覚障害のない人と同じように見えているわけではありませんし、同じ弱視（ロービジョン）でも見え方・見えにくさや工夫の仕方は千差万別です。同行援護の際には、利用者が活用できている感覚を尊重しつつ、安心・安全の確保と適切な情報提供を行ってください。

(2) 視覚情報を補償する際の基本原理

　視覚障害者は、基本的に、見えている人が得ている視覚情報をすべて入手したいと思っています。そのなかには、自分自身の工夫でわかっている情報もあるかもしれませんし、その場面では不必要な情報もあるかもしれませんが、とにかく、可能な限りすべての視覚情報を言語化して伝えてください。例えば、会議やデイサービスを利用している際に、そ

の場に誰がいるのか、発言者は誰か、欠席者はあるのか、遅れて入室した人は誰なのか、誰が席を外したのか、誰と誰が話をしているのか等々の情報は、不要だといわれない限り、情報提供してください。また、ヘルパーの判断で、情報を取捨選択せずに、伝えることが最も大切です。例えば、暖簾（のれん）がかかっているお店へ入る際には、暖簾をくぐる前に、暖簾があることやその種類（素材、長さ、色、模様等）を伝え、くぐる際には、タイミングを伝えることが大切です。なぜなら、突然に顔や体に何かが触れると驚きますし、場合によっては恐怖を感じることもあるからです。それから、何らかの事情でヘルパーが利用者から離れなければならない場面では、必ず、伝えてください。少しの時間だけでも、すぐ近くだとしても、視覚障害のある利用者にとっては、放置されたと感じられてしまいます。

5 見え方・見えにくさの理解

　視覚障害と一口にいっても、全盲から弱視（ロービジョン）までさまざまな見え方・見えにくさがあります。ここでは、主な見え方・見えにくさと同行援護の際に知っておいてほしい留意点を紹介します。

(1) 盲の見え方・見えにくさ

　盲の人のなかにも、全盲から指数弁まで、見え方はさまざまです。光を感じることができない全盲の人は真っ暗に感じているかといえば、必ずしもそうではありません。光覚弁があれば、明るい、暗いがわかりますし、手動弁があれば、何かが動いたときに確認ができます。また、指数弁があれば、テーブルの上に置いてある食器等を確認することが可能です。指数弁くらいの見え方の人のなかには、拡大読書器等を使って、文字を大きく拡大して確認する人もいます。同行援護の際には、盲であると聞いても、まったく見えないと決めつけないで、利用者に情報提供等の方法や留意点を確認することが大切です。

(2) 弱視（ロービジョン）の見え方・見えにくさ

　弱視（ロービジョン）の見え方・見えにくさは、千差万別だといわれます。また、室内と屋外のように、環境が変わると見え方・見えにくさが変わる人もいます。以下に、弱視（ロービジョン）の主な見え方・見えにくさと補償方法を紹介します。なお、これらの見え方・見えにくさが、さまざまな程度で組み合わさるため、多様な見え方・見えにくさになると考えられています。

① 視界がぼやける見え方・見えにくさ

　視界全体がぼやけて、文字や図形等の細部を確認することが困難になる見え方・見えにくさです。屈折異常で視界がぼやけて見える場合には、眼鏡やコンタクトレンズ等で矯正すればハッキリ見えますが、弱視（ロービジョン）の人の場合、眼鏡等で矯正してもハッキリ見えない状態になります。特に、小さな文字、薄い色、細い線で描かれた図形や模様等が見えにくくなります。例えば、屋内では、文字が小さかったり、色が薄かったりする

書類は読むのが大変ですし、記入欄の枠線等が細い申請書に必要事項を書き込む際には苦労します。ぼやけによる見えにくさを軽減するためには、対象に目を近づけたり、ルーペや拡大読書器等で拡大したり、パソコン・スマートフォン・タブレット等の画面拡大機能を利用したり等の方法があります。屋外では、看板、標識、路線図、電車やバス等の行き先表示等の文字やサイン等を確認する際に苦労します。対象に近づいたり、単眼鏡で拡大したり、スマートフォンやタブレットのカメラ機能を利用したりすると効果的です。なお、パソコン等で文章を作成して手渡す際には、文字サイズやコントラストに加え、構成線分の太いフォント（最近では誤認を少なくするために設計されたUD（ユニバーサルデザイン）フォントもあります）を選ぶことも重要です。

②　屋外等の明るいところがまぶしい見え方・見えにくさ

　光がまぶしいという見え方・見えにくさです。羞明や、明るい昼間まぶしくて困るので昼盲と呼ばれることもあります。真っ白な紙や反射率の高いインク等がまぶしいという人もいます。まぶしさによる見えにくさを軽減するためには、真っ白ではない明度を落とした紙に印刷したり、拡大読書器の白黒反転機能を利用したり、タイポスコープと呼ばれるリーディングスリットを利用したり等の方法があります。屋外では、遮光眼鏡と呼ばれる特殊なサングラスやサンバイザー等を利用すると効果的です。パソコン・スマートフォン・タブレット等を使用する際には、画面の白黒反転機能や配色変更機能等が利用されています。なお、明るすぎるとまぶしいのですが、暗ければよいわけではなく、ちょうどよい明るさがあり、それは人によって異なります。

③　暗くなると途端に見えにくくなる見え方・見えにくさ

　夕方になって薄暗くなったり、照明が暗い場所で見えにくくなるという見え方・見えにくさです。夜盲と呼ばれることもあります。昼間はあまり問題がなくても、夜間になると、足元等が見えにくくなり、白杖や手引きがないと怖くて歩けない状態になります。昼間であっても、屋外の明るい場所から屋内に入った際、明るさに慣れるまでに時間がかかり、しばらく見えにくい状態が続くことがあります。暗くなると見えにくくなる不便さを軽減するためには、足元を懐中電灯で照らしたり、白杖・手引き・盲導犬等を利用したり等の方法があります。周囲が暗くなったり、急激に明るさが変化するような場面で同行援護をする際には、細心の注意が必要です。

④　視野が狭くなり、足元や周辺の情報に気づきにくくなる見え方・見えにくさ

　見える範囲が狭くなり、視野の周辺（足元を含む）にある情報に気づきにくくなる見え方・見えにくさです。視野狭窄や求心性視野狭窄と呼ばれることもあります。視野の中心が見えていれば、視力はよく、小さな文字も読めるのに、人や物にぶつかったり、段差や階段等で躓いたりすることがあり、誤解されることも少なくありません。電車やバスで、席を譲られたので、お礼を言って座り、カバンから本を取り出して読み始めたところ、「白杖を持っていたから視覚障害者だと思って席を譲ったのに、嘘だったの！」と言われたと

いう話もあります。視野狭窄の不便さを軽減するには、白杖・手引き・盲導犬等で足元の段差や階段等を確認する方法等が使われています。また、広域を探索する際にはプリズムや逆単眼鏡（単眼鏡を反対側からのぞくと縮小されて広い範囲が見える）等を活用したり、読書の際に行の読み飛ばしを減らすためにリーディングスリットを利用したりすること等も効果的です。なお、視野狭窄がある場合には、拡大は逆効果になる場合がありますので、注意してください。

⑤　視線を向けた箇所が見えにくくなる見え方・見えにくさ

　視野の中心部、つまり、視線を向けた箇所がよく見えないという見え方・見えにくさです。視野障害の一種で、中心暗点と呼ばれることもあります。通常、見たい対象があると、それが視野の中心にくるように、目は自動的に動くようになっています。しかし、中心暗点があると、見たい対象が暗点に入ってしまって見えなくなってしまいます。例えば、話し相手に顔を向けると、暗点に相手の顔が入ってしまい、視線を合わせたり、表情等を確認することができないというジレンマを感じることになるわけです。視野の周辺は見えているので、移動にはそれほど苦労しないのに、表情を読み取ったり、読書をしたりすることが不便になります。中心暗点の不便さを軽減するためには、ぼやけと同様に、拡大が効果的です。また、暗点のある中心以外の箇所を使って見るための練習（中心外固視訓練）等も効果的です。

⑥　視野のところどころに見えにくいところがある見え方・見えにくさ

　視野のところどころに見えない、もしくは、見えにくい箇所（暗点）があるという見え方・見えにくさです。視野狭窄や中心暗点と同様に、視野障害の一種です。いろいろな場所にゴミや虫のように見える暗点があらわれるため、イライラすることもあります。暗点の場所、形状、広さ等によって、困難さは異なります。例えば、読書をする際には、中心暗点と同様に、拡大や固視訓練（暗点が少ない箇所で見るための練習）等が効果的です。

⑦　色の区別が難しい見え方・見えにくさ

　他の人と色の感じ方が異なるために、色を区別したり、識別したりすることが難しい見え方・見えにくさです。色覚異常と呼ばれることもあります。例えば、リモコンの赤色のボタンを押すつもりが、間違って緑色のボタンを押してしまったり、日曜・祝日を示すカレンダーの赤い文字が見つけにくかったりという不便さがあります。病院で「床の赤いラインに沿ってお進みください」と言われたけれども、どのラインが赤なのか迷ってしまったという経験をする人もいます。色覚異常の不便さを軽減するためには、カラーユニバーサルデザインを考慮することが有効です。例えば、赤色のボタンに文字で「あか」と表示したり、日曜・祝日の日を○で囲むことで色が識別できなくても判断できるようにすること等が効果的です。

⑧　目が揺れてしまって見えにくい見え方・見えにくさ

　動かすつもりはないのに、痙攣（けいれん）したときのように目が勝手に動いたり、揺れたりして見

えにくくなる見え方・見えにくさです。眼球振盪や眼振と呼ばれることもあります。強い眼球振盪が起こると、小さな文字等を読むことが難しくなります。眼球振盪はいつ起こるかわかりませんし、突然、揺れが強くなったりすることもあります。また、自分でコントロールすることが難しく、揺れていることに対する自覚症状がない場合もあります。

⑨ 距離や奥行きの判断が難しい見え方・見えにくさ

対象までの距離や奥行きの判断が難しい見え方・見えにくさです。両眼立体視の障害といわれることもあります。距離の判断が難しいと、例えば、手を伸ばして何かをつかむときや握手をする際に、困ることがあります。また、キャッチボールの際に、接近してくるボールを上手につかむことができないという不便さを感じます。片眼しか見えない場合や左右の視力に差があるような場合には、距離や奥行きの判断が難しくなるといわれています。

6 まとめ

- 視覚障害の定義、関連する用語、認定基準、視覚障害者の人数について解説しました。視覚障害には、全盲だけでなく、弱視（ロービジョン）も含まれることや視覚障害者の約88.5％が弱視（ロービジョン）であることも紹介しました。
- 五感における視覚の役割や他の感覚と視覚の違いについて説明したうえで、視覚障害と生活上の困難さ・不便さの関係について解説しました。視覚障害者の生活上の困難さ・不便さは、視覚障害になった時期、ライフステージ、視覚以外の障害の有無によって異なることを紹介しました。
- 視覚障害により生じる不便さが、社会生活の全般にわたっていることを解説しました。手引きや代筆・代読以外の場面として、あいさつ、対面コミュニケーション、位置の把握・確認、周囲の状況把握を取り上げて紹介しました。
- 不便さを軽減するための視覚情報補償の考え方について解説しました。視覚障害者自身で行っている工夫を理解したうえで、視覚情報を補償することの大切さを紹介しました。
- 視覚障害者の見え方・見えにくさの多様性について、盲と弱視（ロービジョン）に分けて解説しました。主な見え方・見えにくさと同行援護の際に知っておいてほしい留意点を紹介しました。

第2節 視覚障害と疾病の理解　免除科目

【本節の内容】さまざまな見え方・見えにくさ、主な眼疾患の特徴とその見えにくさについての支援のポイント

第1節でも説明しましたが、視覚障害は、治療（眼鏡やコンタクトレンズを使った屈折矯正を含む）を行っても、視力や視野等の視機能に障害があり、日常生活や社会生活に支障をきたしている状態です。第1節では、視覚障害によって、日常生活や社会生活にどのような不便さ・困難さが生じるかについて説明しましたが、本節では、視力や視野等の視機能に障害が生じる原因について紹介します。

1 視覚障害と疾病

(1) 視覚障害が生じる原因

視覚障害は、何らかの疾病（病気）や事故等によって、視力や視野等の視機能に障害が生じた結果、引き起こされます。例えば、本来、透明であるはずの水晶体が白く濁ってしまう白内障という疾病によって、視力が低下するわけです。

一般的に、視覚障害は、目、つまり、眼球の疾病（眼疾患）が原因で生じると考えられがちですが、眼球から脳に情報を伝達する視覚伝達路や脳の疾病等が原因で生じることもあります。また、斜視等の視覚発達の障害や心因性視覚障害等が原因で生じる場合もあります。本書では、眼疾患を中心に解説します。

(2) 眼球から視覚中枢に至る経路

図表I-2-1は眼球の断面図です。眼球は直径約24mmの球形で、前方の6分の1が透明な角膜、後方6分の5が乳白色で厚い強膜によって囲まれています。われわれがものをよく見ることができるのは、透明な角膜➡透明な前房➡透明な水晶体➡透明な硝子体を通して、異常のない網膜に光が到達するためです。このどこかに濁りがあると、ものが見えなくなります。眼科ではこれらのうちのどこに異常があるのかを同定して治療を行います。

網膜に到達した光の信号は、視神経を通って脳の後ろのほうにある視覚中枢へと送られます。このとき、右眼の神経がそのまま右の脳に、左眼の神経がそのまま左の脳に到達するわけではありません（図表I-2-2）。脳の視交叉という部分で、両眼からつながる神経が複雑に交叉するのです。図のように両眼の左半分の網膜（その部分で右側を見ます）の神経はともに左側の脳を通り、逆に右半分の網膜（その部分で左側を見ます）の神経は右側の脳を通ります。そうなると、例えば、右側の脳に障害が起こると、両眼とも左側が見えなくなります。これを同名半盲といいます。脳の病気ではいろいろな見え方をするとい

うことがわかると思います。

図表 I-2-1　眼球の断面図

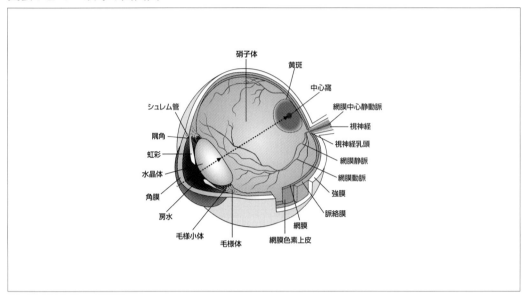

図表 I-2-2　視覚経路

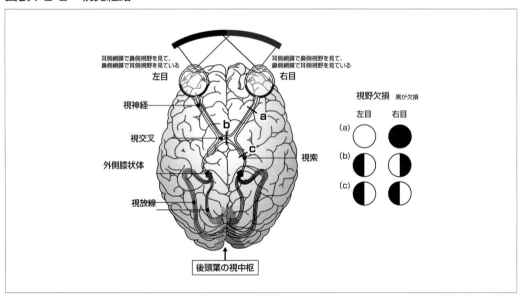

(3) 視覚障害の原因となる眼疾患

　同行援護の利用者が、どのような眼疾患が原因で視覚障害になったかについて理解しておくことは重要です。2019（令和元）年度の全国調査の結果では、視覚障害の原因となっている眼疾患としては、緑内障（40.7％）、網膜色素変性（13.0％）、糖尿病網膜症（10.2％）、

黄斑変性（9.1％）、網脈絡膜萎縮（4.9％）が多いことが指摘されています。以下、視覚障害の原因となる主な眼疾患について紹介します。

① 緑内障

　現在の日本における視覚障害の最大の原因は緑内障です。多くの眼の病気では視力が低下しますが、緑内障では見える範囲である視野が狭くなります。緑内障は、視神経が正常に機能できるレベルより眼圧（眼の中の圧力）が高いために、視神経に障害を起こす病気です。視神経が障害されると視野が欠けます。この視野異常は進行性であり治療しなければ最終的に失明に至ることもあります。また、一度見えなくなった視野は、治療により回復することはありません。緑内障では、視野は徐々に狭くなる一方で、中央を見る視力は最後まで保たれることが多いです。

　視野が欠けると、周囲のものなどにぶつかりやすくなるので、同行援護の際は、特に注意が必要です。

② 網膜色素変性

　網膜色素変性は、網膜の細胞が進行性に障害される遺伝性の病気です。遺伝性とはいっても、約半数は家系内に他の発症者が確認できない孤発例といわれます。症状としては、夜間や暗所での視力低下である夜盲、左右対称性の変化を示すことの多い視野障害、羞明（まぶしさ）、進行してから起こる視力障害を訴えます。視野障害の進行は、中間周辺部から始まり（輪状暗点、**図表I-2-3**）、徐々に中心部を除いて視野欠損が生じる求心性視野狭窄（**図表I-2-4**）となっていきます。効果的な治療法は存在しません。発症の時期は多様ですが、一般的には20〜40歳代に気づくことが多いです。

　同行援護の際は、視野障害によるぶつかりや転倒以外にも、夜盲、まぶしさに対する注意が必要です。

③ 糖尿病網膜症

　糖尿病患者の3人に1人が眼の病気（網膜症）を発症し、その3分の1が眼の治療を必要とします。進行した網膜症は両眼失明の危機で、生産年齢人口における失明の最大原因となっています。糖尿病網膜症の最大の問題点は、かなり進行するまで症状が出ないことです。そのため、眼科受診の遅れと受診中断が問題となっています。適切な時期に治療（網膜光凝固等）できれば、失明の90％は回避できるといわれているため、定期的な眼底検査が極めて重要です。糖尿病は全身の病気であるため、神経障害を合併すると、しびれなどにより、足先や手先にけがをしてもそれに気づかずに悪化し、感染症などから重大な事態に至ることがあります。そのため、同行援護の際は、全身の観察が必要になります。また、低血糖状態の発生に対しても準備をしておく必要があります。そのような場合は、甘いものを口にしてもらう等、血糖値を上げ、そのあと必ず医師に報告することが大切です。

④　黄斑変性

　加齢黄斑変性は高齢者の網膜の黄斑部というところに生じる加齢性の病気です。黄斑部は網膜で最も重要な部分であり、中心の見え方をつかさどっています。黄斑部の障害は、視野の中心部を見づらくし、文字を読みづらくし、日常生活機能を低下させます（図表 I-2-5）。一方、周辺部の視野は保たれるため、移動は問題にならないことが多いです。現在主流の治療は、眼の中に薬を注射し、原因となっている悪い血管を退縮させる方法であり、視力の維持や改善が得られるようになってきています。とはいえ、視力が正常に戻るほどの効果は得られません。注射は高額で多数回行う必要があり、費用の面で大きな問題になっています。

　同行援護の際は、中心部の文字が読みにくい、人の顔が見えにくいということを知っておくとよいでしょう。

⑤　網脈絡膜萎縮（強度近視）

　網脈絡膜萎縮は、網膜やその外側にある脈絡膜がとても薄くなった状態です。難治性・進行性で視力予後が不良な病気である黄斑変性や網膜色素変性などでも生じますが、主に強度近視によるものを指すことが多いです。強度近視は、近視の度がとても強い近視のことで、一般に屈折度数の単位が－6.00Dを超える場合をいいます。近視が強い人は眼の大きさが大きいことが多く、網膜やその外側にある脈絡膜がとても薄くなり（網脈絡膜萎縮）、さまざまな病変を生じます。強度近視では、緑内障や、黄斑出血、網膜剥離などを起こす可能性が高まります。最近では、病的近視と呼ぶことが多いです。症状は、視力低下、中心暗点、色覚異常などがみられます。

　同行援護の際は、眼鏡やコンタクトレンズの装用が非常に重要であることを知っておくとよいでしょう。

⑥　ベーチェット病

　ベーチェット病は、全身のいろいろな臓器に、急性の発作を繰り返す難治性の病気です。原因は不明です。眼の中の炎症が生じるために、霧視（かすみがかかったように見える）、飛蚊症（蚊が飛んでいるように見える）、羞明（まぶしく感じる）から症状が始まります。その後、視力低下、眼の痛み、充血などの症状がみられます。再発を繰り返すと、徐々に視力が低下して失明に至ることもあります。全身に出る症状には、口の中の粘膜に繰り返す口内炎、皮膚症状、外陰部潰瘍などがあります。かつては失明の大きな原因でしたが、最近は減少してきています。同行援護では、免疫を抑制する薬を長期に続けている方が多いことに注意が必要です。

⑦　未熟児網膜症

　赤ちゃんが予定日より早く生まれてしまうと、網膜の血管は途中までしか伸びなくなってしまいます。その血管が異常な枝分かれをしたり、眼の中心に向かって立ち上がったりする病気を未熟児網膜症といいます。生まれたときの体重が1800g以下、在胎週数34週

以下だと起こる可能性が高くなります。網膜症になっても自然に治った場合は視力への影響はありません。治療が必要な場合には、血管が伸びていない部分の網膜にレーザー光線をあてて網膜を焼き、新生血管を促進する因子の放出を抑えます。それでも勢いが止まらない場合は、大きな手術が行われます。網膜剥離を起こしたり、黄斑部にまで病変が及んだ場合は、手術をしても、高度の視力障害をきたすことが多いです。

図表 I-2-3　輪状暗点

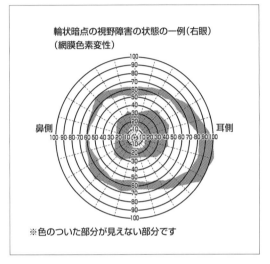

図表 I-2-4　求心性視野狭窄

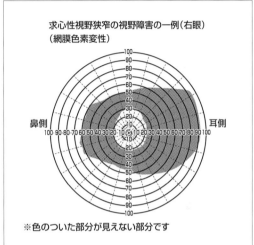

図表 I-2-5　中心暗点

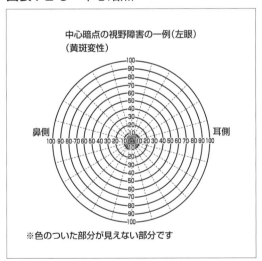

2　眼疾患と見え方・見えにくさの関係

　眼疾患は、見え方・見えにくさにダイレクトに影響するわけではなく、眼疾患が視力や視野等の視機能に影響を及ぼし、この視機能の障害が見え方・見えにくさに影響している

という関係になっています。そのため、視力や視野等の視機能についても理解しておく必要があります。以下、主な視機能について紹介します。

(1) 視力

視力には裸眼視力（眼鏡やコンタクトレンズなしでの視力）と矯正視力（眼鏡やコンタクトレンズをしたうえでの視力）があります。重要なのは矯正視力です。眼科で「視力」という場合は、矯正視力を示します。矯正視力が1.0以上を正常と判断します。

視力は、ランドルト環（**図表 I-2-6**）を利用して測定されます。視力1.0は、5m先のランドルト環の大きさが直径7.5mmで、ランドルト環の1.5mmの隙間の方向がわかります。

日本では、数字で表される視力は0.01が一番小さく、以下は順に、指数弁（指の数が数えられる視力）、手動弁（手の動きがわかる視力）、光覚弁（光を感じられる視力）と表され、光覚もわからない場合に0（光覚なし）ということになります。

弱視（ロービジョン）とは、眼鏡やコンタクトレンズを使っても見づらい状態をいいます。眼の病気になった後は、失明するか、完全に治癒して視力が1.0になるかのどちらかというわけではありません。多くの場合、その間である「弱視（ロービジョン）」の状態になります。また、眼鏡やコンタクトレンズでよく見えている状態は、「弱視（ロービジョン）」ではありません。

図表 I-2-6　ランドルト環

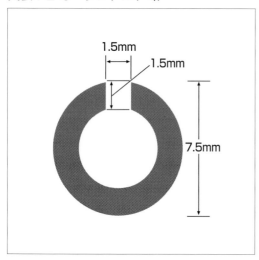

(2) 視野

視野とは、まっすぐ前を見た状態での見える範囲です（**図表 I-2-7**）。鼻側よりも耳側のほうが、上よりも下のほうが見える範囲は広くなっています。両眼で見ると、片眼に見えない部分があっても他眼がそれを補ってしまうので、測定するときは片眼ずつ測定します。測定された視野はおおむね卵形をしており、鼻側は狭く、耳側は広くなっています（図

表I-2-8)。

　網膜の視神経乳頭（眼球から神経や血管が出入りしているところで、中心より少し鼻側にある）に当たる部分は盲点となり、正常な人でも見えない部分になっています。この部分を「マリオット盲点」といいます。注視している点より少し耳側にあります（図表I-2-9）。

　視野が欠けると、足下が見えづらくなったり、近づいてくる周囲のものに気がつかないなど、移動時に多くの危険が生じます。

図表I-2-7　視野（上方・下方）

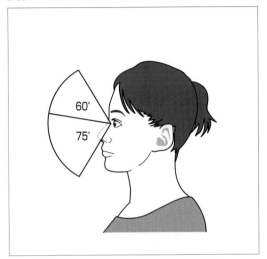

図表I-2-8　視野（鼻側・耳側）

図表I-2-9　正常な視野図

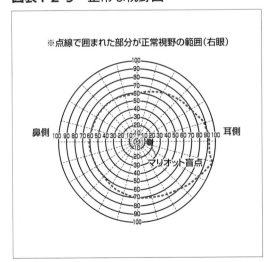

(3) コントラスト感度

　一般に使用される視力の検査表はコントラストの高い（白の背景にはっきりとした黒の）ランドルト環を用いて測定されます。しかし、実際の日常生活ではさまざまな濃淡（コントラスト）のものを認識する必要が生じます。例えば、段差やガスコンロの火などはコントラストが低い状態です。そこで、視覚の「質」の検査として、コントラストをどの程度区別することができるかを測定するのがコントラスト感度です。光の散乱やまぶしさによってコントラスト感度は低下し、白内障はその代表例です。

3 重複障害の理解

　同行援護の利用者のなかには、視覚障害だけでなく、他の障害も併せ有している（重複障害）人もいます。例えば、遺伝疾患のなかには、聴覚障害や内部障害を重複する場合があったり、事故や脳血管障害で視覚障害になった人のなかには、肢体不自由を重複する場合があります。以下、視覚障害を併せ有する代表的な重複障害を紹介します。

(1) 高次脳機能障害

　高次脳機能障害とは、交通事故や脳血管障害（脳血管障害が突然発症した場合が脳卒中です）等の病気により、脳の一部を損傷したために、思考・記憶・行為・言語・注意などの脳機能の一部に障害が起きた状態をいいます。記憶障害（すぐに忘れてしまったり、新しい出来事を覚えたりすることが苦手なため、何度も同じことを繰り返したり質問したりする）、注意障害（集中力が続かなかったり、ぼんやりしてしまい、何かをするとミスをしたりすることが多くみられる等）、遂行機能障害（自分で計画を立てて物事を実行したり、効率よく順序立てたりできない）、社会的行動障害（ささいなことでイライラしてしまい、興奮しやすい等）、病識欠如（症状があることに気づかず、できるつもりで行動してトラブルになる）等の症状が現れる場合や失語症（聞くこと・話すこと・読むこと・書くことの障害）を伴う場合もあります。そのため、コミュニケーションをとる際には工夫が必要になります。また、片麻痺や運動失調等の運動障害、眼や耳の損傷による感覚障害を伴う場合があります。そのため、歩くことが困難で、車いすを利用することもあります。

(2) 盲ろう

　盲ろうとは、視覚に加え、聴覚にも障害が重複している状態をいいます。盲ろうになる原因としては、視覚障害と聴覚障害の発症が別々の原因である場合と共通の原因である場合があります。

　視覚障害と聴覚障害が別々の原因で発症するというのは、例えば、「視覚障害者が加齢により、老人性難聴が進行し、盲ろうになる」「聴覚障害者が糖尿病により、網膜症を発症し、盲ろうになる」といったケースになります。

　一方、視覚障害と聴覚障害が共通の要因で発症するというのは、視覚障害と聴覚障害の

両方を引き起こす疾患や症候群を有するといったケースになります。この共通要因になる代表的な疾患・症候群としては、「アッシャー症候群」「CHARGE症候群」「先天性風疹症候群」「糖尿病」などが知られています。

① アッシャー症候群

アッシャー症候群は、先天性の感音性難聴と網膜色素変性を併発する遺伝性の疾患です。前庭機能（バランス機能）の障害が重複する場合や難聴が進行する場合もあります。中途の盲ろうの共通要因としては、最も多いとみられています。

聴覚障害の程度は軽度から重度までさまざまです。「乳幼児期に重度難聴と診断され、聴覚障害者として生きてきたが、成人後に網膜色素変性の進行により全盲ろうになった方」「乳幼児期は軽度難聴だったが、徐々に進行。視野障害も進行しているものの、視覚・聴覚とも手帳該当レベルではなく、独力で生活している方」など、視覚・聴覚の障害の進行や程度により、さまざまな状態の方がいます。

② CHARGE症候群

CHARGE症候群は、遺伝子の変異により、全身にさまざまな障害や異常をもたらす先天性の疾患です。発症しやすい症状の頭文字から、CHARGEと命名されています。原因が判明している先天性盲ろうの疾患としては、最も多いといわれています。

視覚の異常（網膜や虹彩などの欠損）は80〜95％に、聴覚の異常（難聴や耳介の奇形など）は80〜90％に生じるといわれています。他にも呼吸器や循環器、生殖器などに異常が生じることも少なくありません。

③ 先天性風疹症候群

先天性風疹症候群は、妊婦が妊娠初期（胎児の器官形成が体内で行われているとき）に風疹に感染することによって、新生児に先天性白内障、難聴、先天性心疾患など、さまざまな異常をもたらす症候群です。ウイルス感染と妊娠時期との関係により、妊娠初期の感染であるほど、新生児に異常が生じる可能性が高くなります。

④ 糖尿病

糖尿病は、合併症の一つとして糖尿病網膜症を発症することがありますが、聴覚障害についても、糖尿病でない人よりリスクが高いといわれています。高血糖により、内耳の血管や聴神経にもダメージを与えることがその原因と考えられています。

⑤ その他

上記のほか、「未熟児での出生」「ダウン症候群」「先天性サイトメガロウイルス感染症」などが、視覚・聴覚の障害を発症する共通要因として、比較的多いといわれています。

(3) その他の重複障害

肢体不自由（四肢体幹に永続的な障害があるもの）や内部障害（心臓機能障害、腎臓機

能障害、呼吸機能障害、膀胱・直腸機能障害、小腸機能障害、ヒト免疫不全ウイルスによる免疫機能障害、肝臓機能障害）等の身体障害以外に、知的障害（知的機能の障害がおおむね18歳までに現れ、日常生活に支障が生じているため、何らかの特別の援助を必要とする状態にあるもの）、発達障害（自閉症、アスペルガー症候群その他の広汎性発達障害、学習障害、注意欠陥多動性障害その他これに類する脳機能の障害であってその症状が通常低年齢において発現するもの）、精神障害（統合失調症、精神作用物質による急性中毒またはその依存症、精神病質その他の精神疾患を有するもの）等の重複障害があります。重複障害がある場合、単なる障害の足し算ではなく、複合的な困難さがありますので、ニーズをしっかり把握したうえで支援することが大切です。

4　まとめ

- 視覚障害が生じる原因について整理したうえで、視覚障害の原因となる主な眼疾患を解説しました。近年は、緑内障、網膜色素変性、糖尿病網膜症、黄斑変性、網脈絡膜萎縮が多いことも紹介しました。
- 眼疾患は、見え方・見えにくさにダイレクトに影響するわけではなく、眼疾患が視力や視野等の視機能に影響を及ぼし、この視機能の障害が見え方・見えにくさに影響しているという関係になっていることを解説しました。主な視機能として、視力、視野、コントラスト感度を紹介しました。
- 視覚障害と重複することが多い障害について解説しました。視覚障害を併せ有する可能性が高い症候群等についても紹介しました。

第3章 視覚障害者（児）の心理

本章の目的 障害の程度やライフステージ等で異なる視覚障害者（児）の心理に関する理解を深め、心理状態を踏まえた援助のあり方について理解します。

1 障害者（児）の心理を学ぶ前に

(1) 障害者（児）に対する意識や行動

最近、生活するなかで障害者（児）に出会う機会が増えてきました。視覚障害、聴覚障害、肢体不自由等、いろいろな障害者に出会います。その際、障害のない人たちは、障害者をどのように意識し、行動しているのでしょうか？　障害者を避けたり、差別したり、偏見をもったりする人がいる一方、「かわいそう」「気の毒」と同情する人もいます。また、時には、「がんばってください」というエールを送ってくれる人もいます。差別や偏見は明らかに不適切な対応だと思いますが、同情したり、エールを送ったりすることは、どうでしょうか？

(2) 当事者の視点で考える

この問題は、障害のある当事者の立場で考えてみる必要があります。親切心から「かわいそう」や「気の毒」という言葉を使ったとしても、これらの言葉が自分に向けられたときにどう感じるでしょうか？　「かわいそう」や「気の毒」という言葉を使う根底には、弱い立場にあるものに対する同情の意識があります。発信する側は意識していないかもしれませんが、受け取る側は、意識上のバリアを感じてしまいます。

(3) 意識上のバリア

内閣府の障害者対策に関する新長期計画のなかでは、障害者を取り巻く社会環境にあるバリア（障壁）を四つに分類しています。すなわち、交通機関、建築物等における物理的なバリア、資格制限等による制度的なバリア、点字や手話サービスの欠如による文化・情報面のバリア、障害者を庇護されるべき存在ととらえる等の意識上のバリアです。意識上のバリアは、アンコンシャス・バイアス（無意識の思い込み）に基づくものもあり、自分自身でも気づきにくいという特徴があります。同行援護従業者として活動するためには、相手の人権を尊重し、対等な関係を築く必要があるわけですが、そのためには、まず、自分自身のアンコンシャス・バイアスに基づく意識上のバリアに気づくことが大切です。

(4) 心理とは

　心理とは、心のはたらきやありさまのことです。心理は、人によって違いますし、環境によっても変化します。そのため、視覚障害者は〇〇という心理なんだという理解ではなく、〇〇さんが視覚障害になり、ある環境下にあることで、こんな気持ちや感じ方になったり、こんな言動をとっていると理解してください。

　相手の心理を確認するためには、言葉で表現してもらうことが大切です。そのためには、相手が自分の心理を語りたいと思えるように、傾聴し、受容することが大切です。しかし、心理状態によっては、言葉で表現することが困難な場合もあります。そのため、相手の仕草や行動を観察することも大切です。

(5) 同行援護従業者としての心構え

　心理は、「いつ、どこで、どのような原因で視覚障害になったのか」「視覚障害になってからどれくらいの時間が経過しているのか」「現在、どのような環境にあるのか」「障害の状況が進行していないか」「他の病気や障害を抱えていないか」「家族や友人との関係はどうなのか」「どのように社会にかかわっているのか」などの要因によって変化します。また、同じ人でも、日によって、場所によって、相手によって、心理は変化します。このように視覚障害者の心理は人によって、また、状況によって異なるため、他の視覚障害者とは決して比較しないでください。特に、「〇〇さんもがんばっているから、あなたもがんばってね」というような発言は、励ましているつもりでも、相手を傷つける可能性が高いので控えてください。

2　視覚障害者（児）の心理に影響を及ぼす要因

(1) 視覚障害の程度

　医療に限らず、福祉や教育の領域でも、視力や視野等の視機能が低いほど、障害は重度であると判断されます。WHOの国際疾病分類（ICD）でも、厚生労働省の「身体障害者障害程度等級表」でも、視機能障害の程度で、障害の重さを決めています。例えば、弱視（ロービジョン）よりも盲のほうが、視力0.1よりも視力0.05のほうが重度の視覚障害と判断されることになっています。

　一般的に、障害が重いほど、視覚活用が困難になるため、視覚を活用したいという気持ちが強いほど、精神的なつらさや苦しさは強くなります。例えば、盲の人は、拡大読書器等を使って最大限まで拡大しても通常の文字での読書は困難であり、歩行訓練を受けたり、同行援護従業者を活用したりしなければ外出は困難であるという現実に向き合う必要があり、つらい思いをすることになります。一方、弱視（ロービジョン）の人は、視覚活用は可能なので、ルーペや拡大読書器等を活用すれば読書が可能ですし、白杖や手引を活用しなくても外出できる人もいます。しかし、弱視（ロービジョン）は盲よりも困難を感じ

る場面が少なく、精神的に楽なのかといえば、必ずしもそうともいえません。進行性の視覚障害で、弱視（ロービジョン）から盲になった人のなかには、見えなくなって白杖を使うようになったら、周囲の態度が変わり、援助してくれる人が増えたので、気楽になったという意見もあります。このように、障害の程度は、心理に影響を及ぼすわけですが、視覚活用に対する気持ちや周囲の支援環境との関係で変化することもあります。

(2) 視覚障害になった時期

　生まれつき、もしくは、視機能が発達する前に視覚障害になった先天性視覚障害と、視機能を十分活用できるようになった後で視覚障害になった中途視覚障害では、それぞれに特有の心理があります。

① 先天性視覚障害の場合

　先天性視覚障害の場合、視覚障害を自覚したり、視覚障害のない人との違いに気づいたりした際に、心理的な葛藤を感じます。特に、自立する過程で、精神的に悩むことが少なくありません。先天緑内障や角膜混濁のように外見から視覚障害であることがわかる眼疾患の場合には、他人から容姿を指摘されたり、イジメられたりする場合もあります。また、視覚経験がないため、模倣が困難だったり、相手のほうに顔を向けて会話をする等の対面コミュニケーションの暗黙のルールを把握していなかったりするために、苦労することがあります。他者からの説明の言葉や自分のイメージだけで「見る」ということを完全に理解することはできないため、不安に思うこともあります。経験不足へのコンプレックスや見るということへの羨望がある場合もあります。

　弱視（ロービジョン）の場合には、自分の見え方・見えにくさを理解したり、他人に伝えたりする際に困難さを感じたり、説明しても理解してもらえないことに対してもどかしさを感じることがあります。外見上は視覚障害があるように見えないため、見えるふりをして、苦労することもあります。他人に視覚障害があることを知られたくないという心理がはたらき、人前では、白杖や遮光眼鏡等を使わない人もいます。盲にも、晴眼（視覚に障害がない状態）にも帰属しきれずに動揺する境界人（マージナル・マン）のような心理状態になります。

② 中途視覚障害の場合

　医師から視覚障害を告知された直後は、見えない・見えにくいという身体的なダメージに加え、精神的に大きなショックを受けます。治療方法がないことを信じることができず、さまざまな医療機関を受診したり、民間療法等を試したりする人もいます。突然、降りかかった不条理に、なぜ、自分だけがこんな目にあうのか、なぜ、私だけが苦しまなければならないのだろうかと悲しみ、苦悩する人もいます。見えていたときには普通にできていたことができなくなり、悲しみ、苦しみ、挫折感、虚脱感等のネガティブな感情が生じがちです。一方、きっと何かの間違いに違いない、何かよい治療方法が考案されるはずだという淡い期待をもつこともあり、さまざまな感情が複雑に交錯します。日常生活や社会生活を維持するためには、見えない・見えにくいという現実を受け入れ、視覚情報だけに頼

らない方法を身につけるしかないのですが、将来に対する不安や揺れ動く複雑な気持ちをコントロールすることは容易ではありません。もうこれ以上、視力が悪くはならないのだからと開き直り、気持ちが整理できた人もいれば、見えていた頃の自分と比較して立ち直れないという人もいます。進行性の視覚障害で、弱視（ロービジョン）から盲になって、見える人に援助依頼をしやすくなったり、さまざまなサービスを前向きに使えるようになったという人もいれば、喪失感などから立ち直れなくて、他者と会話することさえ苦手になったという人もいます。そのため、視覚障害を告知された直後には、気持ちに寄り添い、共感的に話を聞いてくれる人の存在や支援（エモーショナルサポート）が重要だといわれています。また、視覚障害者として生活するためには、見えていたときとは異なる方法で、さまざまな活動ができるようなアドバイス（プラクティカルサポート）が重要だといわれています。例えば、視覚障害になってテレビのチャンネルを変えるのに苦労していた人に対して、凸点を貼って触って操作したり、スマートスピーカーと連動させて音声で操作したりする方法をアドバイスすることで、ポジティブな気持ちになることができる場合があります。気持ちに整理がつき、視覚障害者として生活することを決断しても、対人関係ではネガティブな気持ちになることが少なくありません。例えば、周囲の人が見えない・見えにくいことを理解してくれないために、不満や苛立ち等を感じる場合があります。見えないからできないだろうという偏見に強い抵抗感を感じたり、同情や差別に対して敏感になったりすることもあります。視覚障害者の人間としての尊厳を守り、一人の人間として社会のなかで役割を果たせるようにするには、周囲の人の意識や態度等も重要です。

③　進行性の視機能低下の場合

　進行性の視機能低下によって視覚障害になる可能性も、中途視覚障害には含まれるわけですが、視覚障害の告知を受けた後に、見え方・見えにくさが変化することで、心理状態も揺れ動きます。眼疾患によって、視力が低下したり、視野が変化したりしますし、進行の仕方もさまざまです。急激に進行するケース、治療を続けながらも症状が悪化していくケース、数年あるいは数十年という単位でゆっくり進行するケースなどいろいろです。また、視機能が低下して盲になるケースもあれば、ある程度の視機能が維持できるケースもあります。病気の進行のスピードはさまざまですし、どこまで進行するかもわからないため、進行することに対する不安の感じ方もさまざまです。去年まで見えていたものが見えなくなった、この前までできていたことができなくなったなどのネガティブな経験を重ねると気持ちが落ち込みます。また、ゆっくり病気が進行していくケースでは、真綿で首を締められるような苦しさを感じます。主治医から、現在の医療では、病気の進行を止める方法がないことを聞いていても、セカンドオピニオン、サードオピニオンを聞くためにたくさんの医療機関を受診したり、藁をもつかむ気持ちでさまざまな治療方法を試したりする人もいます。病気が進行することがわかっていても、どうすることもできないもどかしさや漠然とした不安に悩む人もいます。病気が進行した際に、家庭生活、仕事、地域や社会とのかかわりなどを継続していけるのだろうかと不安になる人もいます。家庭生活や仕事等が維持できなくなる可能性を考えると、不安感を通り越して、恐怖感に近い心理状態になる人もいます。

また、視覚障害の原因疾患そのものが進行したり、他の病気を発症したりした場合は、気持ちを整理して安定させることがより大変になることもあります。

(3) ライフステージ

ライフステージ（乳幼児期、学童期、青年期、成人期、壮年期、老年期等）によって、直面する発達課題も異なるため、ライフステージ特有の心理があることを理解してください。

① 乳幼児期（0歳～6歳）

基本的信頼、自律性、自発性を確立する時期です。心理的発達を含めた人格形成において家族、特に、母親が重要な役割を果たすことになります。視覚障害のない乳幼児と同じような経験ができるように、人的支援を含めた環境整備が重要です。視覚障害のない乳幼児は、見て、真似ることを通して、数多くの偶発的学習によって経験を増やしています。視覚障害があっても、他の乳幼児と同じ経験ができるように、はたらきかけをすることが大切です。学齢期が近づくと、学びの場（視覚支援学校、弱視特別支援学級、通級指導教室、通常の学級）の選択に悩むことになります。視覚障害教育の専門性の高い視覚特別支援学校を選択するか、地域の小学校を選択するか、また、通級指導を受けるかどうか等、障害のない子どもたちは小学校への入学で悩むことはほとんどないのに対して、視覚障害児とその家族は小学校進学の段階で大きな選択を迫られるわけです。

② 学童期

小学校に通う時期であり、学校で知識を身につけたり、仲間と集団行動をして成功体験を積み重ね、自尊心を培うことが大切な時期です。視覚障害がある場合、知識を身につけるために、点字、拡大文字、視覚補助具、携帯情報端末等を効果的に活用し、さまざまな概念を形成することが重要です。仲間と集団で活動するなかで、成功体験や自尊心を培うためには、視覚障害に対する周囲の理解が重要です。集団活動のなかでは、他人との違いに気づく時期でもあるので、自分の障害の伝え方に関する支援が大切です。また、中学校への進学の歳には、再び、学びの場の選択に悩むことになります。特に、地域の小学校で学んできた児童は、将来の進路等を考え、視覚支援学校を選択すべきかどうか等を決断することになります。

③ 青年期

自分の「アイデンティティ」を探し始める時期であり、進学や就職等、自分の人生で選択しなければならない機会が増える時期です。高等学校を選択する際には、将来の職業も意識する必要があります。また、高等学校卒業後の進路として、視覚支援学校の理療科等の職業課程に進むのか、大学・短大等に進学するのかを選ぶ必要があります。大学・短大等に進学する場合には、入試や入学後の修学に必要な合理的配慮を受けるための申請を行う必要があります。自分の求める配慮を受けられるようにするためには、建設的対話の力も必要です。合理的配慮の申請や建設的対話力は、就職する際にも必要なスキルです。就

職にあたっては、あんま・マッサージ・指圧師、はり師、きゅう師等の専門職、事務職等の一般就労、就労継続支援事業所等の福祉的就労等のなかから選ぶ必要があります。就職は、企業等とのマッチングなので、必ずしも、希望する職業に就くことができるとは限らないため、悩むことや苦労することも少なくありません。なお、青年期に中途視覚障害になった場合、特に、進学や就職等の直前の場合には、突然、キャリアチェンジをしなければならず、パニックになる場合があります。

④　成人期

　恋愛や友人関係を通して、親密な人間関係を築こうとする時期です。進路等によって、パートナーになる人との出会いや恋愛のチャンスは異なります。恋愛では、障害のことをどのように伝え、理解してもらうかで悩む場合があります。また、結婚の際には、お互いの家族の理解をどのように得るか、生活をどのように設計するか等も大きな課題です。子どもを望む場合、遺伝性の疾病については悩まれる方もいます。子育てでは、子どもの年齢に応じて、さまざまな問題に遭遇する可能性があります。なお、成人期に中途視覚障害になった場合、職業、家族、家庭生活、社会生活等を大きく変えなければならないため、苦悩することが多くなります。これまで従事してきた仕事ができなくなると、収入の問題に直面することになります。家族を養う立場だった場合、自分だけでなく家族全体の生活や人生設計に影響を及ぼすことになります。築いてきた人間関係、社会的立場も不安定になり、家族が崩壊する危険性もあります。掃除、洗濯、料理、子育てなどの家事にも影響が出る可能性がありますし、親戚や地域との関係もこれまでどおりの継続は困難になる場合があります。これまで培ってきたすべてを失うような気持ちになり、自信を失ったり、自分の存在価値を感じなくなったり、生きていく気力がなくなり、趣味さえも継続できなくなるかもしれません。そのため、精神的支援や福祉的支援が必要不可欠です。

⑤　壮年期

　社会的には、職業上の知識や技術、子育て等の家事の知識や技術を次の世代に伝達していくことに対して関心をもつようになる時期です。身体的には、徐々に減退期に入り、生活習慣病等にも注意が必要な時期です。仕事をしている場合には、視覚障害のない同世代の同僚と知識や技術を比較したり、視覚障害があることで、仕事の評価、社内での役割、昇進等に影響が出ているのではないかと気になることがあります。また、家庭のなかでは、これまで培ってきた家事の知識や技術が役立っているのかが気になることがあります。ご近所付き合いやコミュニティでの活動においても、自分が役割を果たせているという実感が必要です。仕事であれ、家事であれ、コミュニティ活動であれ、自己肯定感や自己効力感を感じることができる必要があります。

⑥　老年期

　死に対する意識が高まり、今までの人生を総合的に見直す時期です。高齢者は一般的に、これまで生き抜いてきたプライドと現実との間で悩んだり、自己中心的な考えになってしまったり、依存心が大きくなったりする場合もあります。また、人に対して厳しくなると

ともに、疑いの感情を抱きやすくなるともいわれています。さらに、死に対する不安から、自分自身の健康状態への関心が高まることもあります。老年期に中途視覚障害になった場合、残りの人生に希望を見出したり、夢を描いたりするのが困難になるといわれています。他の病気に罹る可能性も高くなりますし、老化によって身体機能も低下するため、不安感も大きくなります。家族、特に、子どもたちに迷惑をかけることに負い目を感じる人もいます。

(4)環境

　心理は、人を含めた環境によって大きく変化します。視覚障害者も利用することを想定して、街や制度等がつくられていればよいのですが、そのような環境が整備されていなければ、疎外感や憤り等のネガティブな感情をもつのは当然です。例えば、点字ブロック等の物理的環境が整っていなかったり、点字や副音声等の情報保障ができていなかったり、資格試験等で合理的配慮が受けられなかったり、差別意識をもっている人がいたりすれば、生来、温厚な性格の人でも、ネガティブな感情になります。同行援護の際に、もしも、利用者がネガティブな発言をした場合、なぜ、そんな心理になるのかを、利用者がおかれている環境の観点から考えるように心がけてください。

3 家族の心理

　家族にはさまざまな機能があります。例えば、子どもを育てて、社会に適応できる人間に教育する機能もあれば、協力して共同生活を送る経済的機能もあります。また、家族の誰かが病気になったり、年老いた家族を扶養したり、援助したりするはたらきもありますし、家族だけのプライベートな空間で、安心して、憩うことができる情緒安定機能もあります。

　視覚障害の有無に限らず、家族の成員にとってお互いはかけがえのない存在です。視覚障害は、本人だけでなく、家族の心理状態にも大きな影響を及ぼします。そのため、最近では、視覚障害者（児）を含めた家族全体に対する支援（ファミリー・サポート）が重視されています。同行援護では、同行援護従業者は、家族の利害ではなく、本人の意向を優先しなければなりませんが、家族と接したり、家族の話題がでてきたりすることもあると思いますので、家族がどのような心理状態になるかも理解しておくことが大切です。

(1)親の心理

　子どもに視覚障害があることがわかったとき、多くの親は大きなショックを受けます。特に、子どもを出産した母親は、自分の責任ではないかと思い、自責の念に駆られる人が少なくありません。本来、一緒に課題解決に臨むべき家族や親族から、視覚障害のある子どもを産んだ責任を押しつけられたり、なじられたりして、苦しい思いをするケースもあります。母親のなかには、自責の念から過保護になり過ぎてしまったり、逆に、どうしてよいかわからずに、育児放棄をしてしまったりすることもあります。

子どもの情緒的発達を考えると、家族、特に、乳児期は母親の役割は大切です。そのため、母親が一人で苦しみを抱え込まないように支援をすることが大切です。また、家族のかかわり方は、子どもの心身の発達に大きく影響しますので、視覚支援学校の早期教育相談や視覚障害児の児童発達支援センター等の支援を受けることも大切です。

　子どもの同行援護を行う際には、親の心理を理解し、決して、親を追い込むことのないようにしてください。

(2) 配偶者や子どもの心理

　パートナーが中途で視覚障害になった場合、視覚障害者と同様、配偶者や子どももとても複雑な心理になります。パートナーを励まし、直面している課題に一緒に立ち向かうという気持ちになる人、私が守ってあげなければならないと考えて献身的に尽くす人もいれば、精神的・経済的な観点等から離婚を選択する人もいます。本来、配偶者を含め、家族一人ひとりの気持ちを受け止め（エモーショナル・サポート）、家族として一緒に生活を続けるために必要な福祉制度等の実用的な情報提供に基づく支援（プラクティカル・サポート）が必要不可欠なのですが、日本には、まだ、ファミリーサポートに関するシステムが普及していません。同行援護を行う際には、視覚障害者と同様、配偶者や子どもの心理にも留意してください。

4　外出時の心理

(1) 社会的障壁に対する心理

　人は誰でも社会の一員として尊厳のある生活を望んでいます。そのため、本来、視覚障害者（児）の社会参加を想定して、社会の環境は整備されているべきです。しかし、実際には、さまざまなバリア（社会的障壁）が存在しており、視覚障害者（児）が尊厳を踏みにじられたり、我慢を強いられたりしている現状があります。例えば、バスの降車の際、「危ないから気をつけて降りてね」と幼稚園児に話すようにいわれることがあります。安全に対する配慮として声かけをしてくれていることはわかっていても、年齢に応じた言葉がけになっていないため、悲しみや怒りを感じます。また、さまざまな場面で、冷ややかな視線や態度を取られることや、逆に、過剰すぎる特別扱いを受け、差別されていると感じることもあります。これらの不適切な対応に対する不満等が蓄積すると、やり場のない気持ちが爆発してしまうことがあります。なお、さまざまな場面で支援を受ける度に、感謝しなければならないことがストレスになることもあります。障害がない人の場合には、誰にも感謝する必要がない場面で、自分だけがいつも感謝をし続けなければならないことに不条理を感じ、それがストレスになるわけです。このように視覚障害者（児）は、外出の度に、バリアフリーが進んでいない社会の現状への不満等を感じ続けなければならない状況にあることを理解してください。

(2) 白杖を携行することに対する心理

　道路交通法第14条で、視覚障害者が道路を通行するときは白杖を携えることが定められています。白杖は、通行人や運転者等に対して視覚障害者（児）の存在を知らせ、安全を確保する役割を果たしているだけでなく、白杖を通じて路面の情報を得たり、障害物を発見したりする役割も果たしてくれる便利な道具です。しかし、白杖を持つことをためらう視覚障害者（児）もいます。「持たなくても歩けるから」「まだ見えるから大丈夫」という理由で白杖を持たないと説明する人もいますが、実は、「自分が視覚障害であることをまだ認めたくない」「視覚障害であることを周囲に知られたくない」という心理が根底にあるかもしれません。つまり、視覚障害者自身も周囲の人も、障害を個人の問題としてとらえ、見えない・見えにくいことだけが問題だと認識してしまっているのです。見えない・見えにくいことが障害なのではなく、視覚障害者（児）も安心して安全に外出できない環境にこそ問題があり、社会的障壁だという障害観を社会全体に普及させる必要があります。そうすれば、白杖を携行することに対する心理は変化するかもしれません。

(3) 同行援護従業者に対する心理

　視覚障害者が同行援護を利用して外出するときには、基本的に一対一での外出です。人間同士としての関係を良好に保とうとする感情は障害者も同行援護従業者ももつわけですが、障害者には、同行援護従業者に対する感謝も気持ちも強く、よい関係性を維持しようする心理がはたらきがちです。例えば、久しぶりに会った同行援護従業者に「私の声、誰だかわかりますか？」と問われても、「わかりません」とは言いにくいですし、名乗らずにあいさつをされても「誰ですか？」と問い返すには勇気がいります。移動中に身体が何かにぶつかったり、段差でつまずきかけたりしても、それが軽微な場合は伝えない場合も多くあります。お世話になっているわけですし、今後も継続して同行援護サービスを受けたいので、問題点を指摘をすることで人間関係に影響することを避けたいという心理がはたらくわけです。しかし、このような関係性では、サービスの質が低下してしまいますし、自己決定に関する場面や守秘義務を守らなければならない場面では、利用者に大きなダメージを与えてしまうことになりかねません。同行援護従業者個人ではなく、事業所の信用を低下させてしまう可能もあります。そのため、小さな課題も指摘してもらえるように、利用者との信頼関係（ラポール）をしっかりと構築してください。なお、利用者のなかには、視覚障害になって間もなかったり、不安が強かったりするために、気持ちのコントロールがうまくできず、八つ当たりや過度な抗議等をする場合があります。また、自虐的になったり、不満があるにもかかわらず、無言になり、利用しなくなったりする場合もあります。このように信頼関係に課題が生じた場合には、利用者を責めたりせず、事業者に相談してください。

5 まとめ

- 障害者（児）の心理を学ぶ前の留意点として、障害のない人たちの障害者（児）に対する意識や行動、当事者の視点で考えることの重要性、意識上のバリア、心理のとらえ方、同行援護従業者としての心構えについて解説しました。心理は、人により、環境により変化するので、視覚障害者（児）の心理を決めつけて考えないことや他の視覚障害者（児）と比較してはいけないこと等について紹介しました。
- 視覚障害者（児）の心理に影響を及ぼす要因として、視覚障害の程度、視覚障害になった時期、ライフステージ、環境が及ぼす影響について解説しました。これらの要因は、複合的に影響を及ぼし合うので、ステレオタイプ的な見方にならないように注意する必要があることを紹介しました。
- 視覚障害者（児）の家族の心理について解説しました。視覚障害者（児）にとって大切な家族なので、家族一人ひとりの気持ちを受け止め、家族として一緒に生活を続けるために必要な福祉制度等の実用的な情報提供に基づく支援が必要不可欠であることを紹介しました。
- 視覚障害者（児）が外出する際の心理について解説しました。社会的障壁に対する不満、白杖の携行と社会の障害観の関係、同行援護従業者に対する心理について紹介しました。

第4章 視覚障害者（児）福祉の制度とサービス

免除科目

本章の目的　障害者（児）福祉の制度とサービスの変遷を踏まえ、関係法や制度を理解します。また、視覚障害者（児）が利用する関係施設や同行援護従業者が外出時に利用可能な割引サービスを理解します。

1　障害者福祉の動向

(1) 戦後対策からの福祉の動向

　障害者に対する福祉制度は、戦後の混乱のなかでの貧困対策と、傷痍軍人への対応として開始されました。当時の障害者福祉の特徴は、対象者を一般市民と異なる存在として扱っていたことです。重度の心身障害者に対して大規模施設を建設し、そこへ収容し、生活させるといった取り組みが行われていました。

　こうした取り組みのなかで障害者福祉は発展しましたが、その反面、障害者に対する誤解、偏見や差別を助長することにもつながりました。例えば、重度心身障害者の生活を守る目的で、住宅地から隔離された場所に大規模施設を建設し、障害者はそこで安心して暮らせるようにしようという取り組みは、一見彼らにとって安全で安心して生活することができる環境を整えているようにも感じられるかも知れません。しかし、こうした取り組みによって、障害者の姿は地域社会から見えなくなり、その存在自体が忘れられる結果を招きました。

　また、当時の障害者福祉の特徴は施設での支援に重きを置いたものであったことから、在宅で暮らす視覚障害者に対する支援は脆弱なものでした。

(2) 施設から在宅へ

　施設収容型の福祉に対し、異議を主張したのは、重度障害のある当事者たちでした。施設を中心とした処遇に対して、地域社会での生活を、在宅での生活に対する支援を求める運動へと展開していきました。

　世界的にも、ノーマライゼーションという考え方が注目されるようになり、これが一つの追い風となって、日本の障害者福祉も、施設収容型の福祉から、在宅生活を支援する福祉へと徐々に変貌を遂げたのでした。

(3) 措置から契約へ

　障害者福祉の制度は、福祉行政がその内容や提供者を決定する措置制度という行政処分によって実施されてきました。障害者が、誰から、どのような支援を受けながら暮らしていくか等を決めるのは行政の裁量でした。

　1981年は国連の国際障害者年にあたり、そこでは「完全参加と平等」がスローガンとして掲げられました。これを機に、当事者主体や自己決定という考え方が障害者福祉の柱となりました。「自分の生活の主人公は自分自身であり、それ故に、自分がどう生きたいのか、どういう支援を誰から受けたいのかを、自分で選んで自分で決める」という考え方が、これ以降の福祉の中心的な理念となりました。

　また、2000（平成12）年に始まった介護保険制度では、行政による措置ではなく、利用者と事業者との契約に基づいて介護等の支援が提供されることを基礎としました。こうした仕組みが障害者福祉にも導入され、障害者は事業者と契約を結び、必要な支援を受け、それに要した費用の一部を行政が支払う支援費制度へと、移り変わりました。

(4) 国際的な動向

　2006年12月13日に国連総会において採択され、2008年5月3日に発効した「障害者の権利に関する条約」（障害者権利条約）は、近年の日本の障害者福祉制度に大きな影響を及ぼしました。この条約は、障害者の人権および基本的自由の享有を確保し、障害者の固有の尊厳の尊重を促進することを目的として、障害者の権利の実現のための措置等について定めています。この条約が日本で発効されたのは2014（平成26）年2月19日ですが、後述する「障害を理由とする差別の解消の推進に関する法律」（障害者差別解消法）を始め、障害に関係する法制度が、この条約の理念に合致するように改正されました。障害を理由とする差別や合理的配慮の不提供を禁止する根拠となった条約であり、障害の社会モデル・人権モデルを基本的な考え方にしている点が特徴です。

2　主要な法律における障害者の定義

　障害者に対する福祉サービスは、法律に基づいて実施されます。そのため、障害者は法律で定義されています。以下、日本の障害者福祉に関連する主な法律において、障害者がどのように定義されているかについて解説します。また、さまざまな福祉サービスを受けるために必要な障害者手帳（身体障害者手帳、療育手帳、精神障害者保健福祉手帳の3種の手帳を総称した一般的な呼称）についても説明します。

(1) 障害者の定義

　日本の障害者福祉に関する最も基本的な法律である障害者基本法（第2条）では、以下のように障害者を定義しています。

> 障害者：身体障害、知的障害、精神障害（発達障害を含む。）その他の心身の機能の障害（以下「障害」と総称する。）がある者であって、障害及び社会的障壁により継続的に日常生活又は社会生活に相当な制限を受ける状態にあるものをいう。
> 社会的障壁：障害がある者にとって日常生活又は社会生活を営む上で障壁となるような社会における事物、制度、慣行、観念その他一切のものをいう。

障害者が日常生活や社会生活を営むうえで、いろいろな制限を受ける原因は、障害者個人の心身機能に原因があるだけでなく、社会がつくった障壁（＝バリア）にも原因があるのだということが明確に示されている点が重要です。

(2) 障害児の定義

児童の福祉・権利を保障し、国民の責任を定めた児童福祉法（第4条第2項）では、児童を満18歳に満たない者としたうえで、以下のように障害児を定義しています。

> 第4条　略
> ②　この法律で、障害児とは、身体に障害のある児童、知的障害のある児童、精神に障害のある児童（発達障害者支援法（平成16年法律第167号）第2条第2項に規定する発達障害児を含む。）又は治療方法が確立していない疾病その他の特殊の疾病であって障害者の日常生活及び社会生活を総合的に支援するための法律（平成17年法律第123号）第4条第1項の政令で定めるものによる障害の程度が同項の主務大臣が定める程度である児童をいう。

(3) 身体障害者の定義

身体障害者について定義しているのは、身体障害者福祉法です。この法律（第4条）では、以下のように身体障害者を定義しています。

> 第4条　この法律において、「身体障害者」とは、別表に掲げる身体上の障害がある18歳以上の者であって、都道府県知事から身体障害者手帳の交付を受けたものをいう。

身体障害の種類や程度は、別表に細かく定められています。そして、身体障害者に該当する人は、本人の申請により、身体障害者手帳の交付を受けることができます。身体障害者を対象とした福祉は、この身体障害者手帳に基づいて実施されます。身体障害者手帳は、自身が身体障害者である証であり、また同時に、身体障害者を対象とした福祉を利用する権利があることを示す証明書の役割もあります。なお、視覚障害の手帳の等級については2018（平成30）年7月より基準が見直されています。

(4) 身体以外の障害

① 知的障害者の定義

　知的障害者については、知的障害者福祉法という法律がありますが、この法律には知的障害の定義がありません。知的障害者に対して交付される障害者手帳を一般に療育手帳といいますが、この療育手帳の交付基準についても法律では定義されていません。厚生事務次官通知「療育手帳制度について」（昭和48年9月27日厚生省発児第156号）において、「児童相談所又は知的障害者更生相談所において知的障害であると判定された者（以下「知的障害者」という。）に対して交付する」という部分が、療育手帳を交付する根拠となっています。なお、療育手帳は一般的によく使われている名称ですが、交付する自治体によって療育手帳以外の名称（「愛の手帳」や「緑の手帳」）が用いられることがあります。

　知的障害の定義が明記された法律はありませんが、厚生労働省の知的障害児（者）基礎調査では、「知的機能の障害が発達期（おおむね18歳まで）にあらわれ、日常生活に支障が生じているため、何らかの特別の援助を必要とする状態にあるもの」と定義しています。また、学校教育法施行令第22条の3では、知的障害者の障害の程度を以下のように定めています。

一　知的発達の遅滞があり、他人との意思疎通が困難で日常生活を営むのに頻繁に援助を必要とする程度のもの
二　知的発達の遅滞の程度が前号に掲げる程度に達しないもののうち、社会生活への適応が著しく困難なもの
---

② 精神障害者の定義

　精神障害者については、「精神保健及び精神障害者福祉に関する法律」（精神保健福祉法）で、以下のように定義されています。

第5条　この法律で「精神障害者」とは、統合失調症、精神作用物質による急性中毒又はその依存症、知的障害その他の精神疾患を有する者をいう。

　精神障害者に対しては、精神障害者保健福祉手帳が交付されます。なお、精神障害者の定義には、知的障害も含まれていますが、単一の知的障害の場合には、精神障害者保健福祉手帳ではなく、療育手帳が交付されます。

③ 発達障害者の定義

　発達障害者については、2016（平成28）年8月に施行された改正発達障害者支援法で、以下のように定義されています。

> 第２条　この法律において「発達障害」とは、自閉症、アスペルガー症候群その他の広汎性発達障害、学習障害、注意欠陥多動性障害その他これに類する脳機能の障害であってその症状が通常低年齢において発現するものとして政令で定めるものをいう。
> ２　この法律において「発達障害者」とは、発達障害がある者であって発達障害及び社会的障壁により日常生活又は社会生活に制限を受けるものをいい、「発達障害児」とは、発達障害者のうち18歳未満のものをいう。

発達障害に特化した障害者手帳はなく、精神障害者保健福祉手帳の対象に含まれます。なお、知的障害を併せ有する場合には、療育手帳も対象となります。

3　障害者福祉の基盤となっている主要な法律

日本の社会福祉制度の根幹は、社会福祉六法（生活保護法、児童福祉法、母子及び父子並びに寡婦福祉法、老人福祉法、身体障害者福祉法、知的障害者福祉法）に定められています。障害者福祉に関しては、社会福祉六法に加え、以下の法律が重要な役割を果たしています。

(1) 障害者基本法

障害者基本法は、障害のある人の法律や制度について基本的な考え方を示している障害のある人に関係する一番大切な法律です。障害者権利条約の趣旨に沿った障害者施策の推進を図るため、障害者権利条約に定められる障害者のとらえ方や日本が目指すべき社会の姿を新たに明記するとともに、施策の目的を明確化する観点から改正され、2011（平成23）年7月に国会に承認され、2011（平成23）年8月に施行されました。

改正障害者基本法の特徴は、障害者を、必要な支援を受けながら、自らの決定に基づき社会のあらゆる活動に参加する主体としてとらえ、障害者があらゆる分野において分け隔てられることなく、他者と共生することができる社会の実現を法の目的として新たに規定した点です。また、障害者が受ける制限は機能障害のみに起因するものではなく、社会におけるさまざまな障壁と相対することによって生ずるとするいわゆる「社会モデル」の考え方を踏まえ、障害者の定義を見直し「障害がある者であって、障害及び社会的障壁により継続的に日常生活又は社会生活に相当な制限を受ける状態にあるもの」とした点も特徴です。さらに、障害を理由とする差別の禁止、社会的障壁を除去する措置を実施すること、国が、差別の禁止に係る啓発および知識の普及のため、情報の収集、整理および提供を行うこと等が定められた点も重要なポイントです。

(2) 障害者差別解消法

国連の「障害者の権利に関する条約」（障害者権利条約）の締結に向けた国内法制度の整備の一環として、すべての国民が、障害の有無によって分け隔てられることなく、相互に人格と個性を尊重し合いながら共生する社会の実現に向け、障害を理由とする差別の解

消を推進することを目的として、2013（平成25）年6月、「障害を理由とする差別の解消の推進に関する法律」（障害者差別解消法）が制定され、2016（平成28）年4月1日から施行されました。そして、2021（令和3）年5月に改正され、2024（令和6）年4月1日から改正法が施行されました。

　この法律の特徴は、障害者に対する不当な差別的取り扱いと合理的配慮の不提供を禁止している点です。

　不当な差別的取り扱いとは、障害のある人に対して、正当な理由なく、障害を理由として、サービスの提供を拒否することや、サービスの提供にあたって場所や時間帯を制限すること、障害のない人には付けない条件を付けることです。具体的には、視覚障害がある人向けのマンションはないといって対応しなかったり、保護者や介助者がいなければ一律に入店を断ったりする場合がこれにあたります。前者は障害があることを直接の理由にしていますから直接的差別と呼び、後者は障害それ自体を理由にしていないものの、結果的に障害を理由とした差別につながっているため間接的差別と呼びます。障害者差別解消法では、こうした差別的取り扱いを禁止しています。

　合理的配慮とは、行政機関等や事業者が、事務・事業を行うにあたり、個々の場面で、障害者から「社会的なバリアを取り除いてほしい」旨の意思の表明があった場合に、その実施に伴う負担が過重でないときに、社会的なバリアを取り除くために必要かつ合理的な配慮を講ずることです。合理的配慮の提供にあたっては、障害のある人と事業者等との間の「建設的対話」を通じて相互理解を深め、共に対応案を検討していくことが重要とされています。建設的対話を一方的に拒むことは合理的配慮の提供義務違反となる可能性があります。例えば、視覚障害者が福祉事務所で手続きをする際、必要書類への代筆を依頼したにもかかわらず、職員が対話に対応しないような場合が、合理的配慮の不提供となります。2024（令和6）年4月に施行された改正障害者差別解消法では、行政機関等だけでなく、すべての事業者に対して、障害のある人への合理的配慮の提供を義務づけています。

(3)障害者虐待防止法

　2011（平成23）年6月24日に、「障害者虐待の防止、障害者の養護者に対する支援等に関する法律」（障害者虐待防止法）が公布され、2012（平成24）年10月1日に施行されました。

　障害者に対する虐待は、児童虐待や高齢者虐待と並んで深刻な問題であり、障害者の尊厳を害する人権侵害です。

　障害者虐待防止法では、養護者（家族等）による虐待、障害者福祉施設従事者等による虐待、使用者（雇用主等）による虐待の三つに分けて、虐待を防止する対策を講じています。また、虐待を、身体的虐待（殴る、蹴る等、暴力をふるうもの）、性的虐待（わいせつ行為をすること、または、わいせつ行為をさせること）、心理的虐待（言葉の暴力、無視）、ネグレクト（食事を与えない、風呂に入れない等、放棄すること）、経済的虐待（財産を取り上げる、勝手に財産を処分する）の5種類に分類し、これらをすべて禁止するとともに、虐待防止策や早期発見のための措置を求めています。

(4) 障害者総合支援法

「障害者の日常生活及び社会生活を総合的に支援するための法律」（障害者総合支援法）は、障害者福祉に関する制度を定めた法律です。地域社会における共生の実現に向けて、障害福祉サービスの充実等、障害者の日常生活及び社会生活を総合的に支援する新たな障害保健福祉施策を講ずるためにつくられた法律です。障害者に対する居宅サービスや施設サービス、就労に向けた支援等も、この法律に基づいて提供されます。

障害者総合支援法は、2006（平成18）年4月、障害者自立支援法として施行され、同年10月から実施されました。それまで支援対象者ごとに異なっていた障害者福祉制度を統合し、定率（原則1割）の自己負担を基本（応益負担）としたことから、より多くの支援を必要とする重度の障害者にとっては著しい負担増となり、重度障害者を中心として反対運動が起きました。

これに応じる形で、利用者負担は見直され、2010（平成22）年4月から、生活保護世帯と市町村民税非課税世帯の障害者の自己負担はなくなり、さらに2012（平成24）年4月から、利用者の所得区分ごとに自己負担額の上限を設け、負担能力に応じて自己負担を行う仕組み（応能負担）へと転換されました。

また、2013（平成25）年4月から、難病患者も制度の対象とする改正が行われ、同時に法律の名称も、「障害者の日常生活及び社会生活を総合的に支援するための法律」と改められました。また、2014（平成26）年4月から、重度訪問介護の対象者の拡大、ケアホームのグループホームへの一元化などが実施されました。

4 障害者総合支援法における障害福祉施策の実際

障害者福祉に関する具体的な制度を定めた障害者総合支援法は、大きく分けて自立支援給付と地域生活支援事業とで成り立っています。自立支援給付は、障害者の日常生活に欠かせない福祉の基準を国が決め、費用を負担するものです（義務的経費）。各事業の報酬単価や支給対象者、事業所要件等についても、国が細かく決めています。これに対して地域生活支援事業は、各地域の特性に応じた支援を柔軟に提供することを目的としており、運用の詳細については、地方自治体の裁量に委ねられています。以下、障害者総合支援法に定められている制度の内容について、説明します。

(1) 自立支援給付

障害者総合支援法に定められた支援を受けるためには、まず、原則的に、障害支援区分の認定を受ける必要があります。障害支援区分は区分1から区分6までの6段階で、この区分は、視力や視野といった機能障害が重いか軽いかではなく、生活するうえでの支援が必要か必要でないか、必要な場合はどの程度必要なのかに基づいて判断します。身体機能だけでなく、見守りや声かけなども含めて判断すること、状況によって支援が必要な場面と不要な場面があるとき（慣れている場所では支援は不要だが不慣れな場所では支援が

必要な場合、昼間は支援が不要だが夜間は支援が必要な場合等）には、支援が必要な場面に基づいて判断することとされています。

　これらを認定調査員が本人に対して聴取し、コンピューターによる一次判定の結果と主治医の意見書と合わせて市町村が実施する障害支援区分認定審査会にかけられ、障害支援区分が決まり、市町村は本人にこれを通知します。

①　介護給付

　日常生活上必要な介護支援で、居宅介護や施設における生活介護などが含まれます。同行援護は、ここに位置づけられます。

②　訓練等給付

　障害者が地域で生活を行うために提供される訓練的支援で、機能訓練（視覚障害者を対象とした歩行訓練等）や生活訓練、就労に関する支援などがあります。

③　地域相談支援給付

　障害者が地域での生活に移行し、地域で安心して暮らしていくための相談支援で、地域移行支援と地域定着支援とがあります。

④　計画相談支援給付

　障害福祉サービス等を利用するすべての障害者を対象として、サービス等利用計画の作成や計画の見直し等の支援、サービス利用状況の検証等を行うものです。

⑤　自立支援医療

　心身の障害を除去・軽減するための医療について、医療費の自己負担額を軽減する公費負担医療制度で、身体に障害のある児童に対する医療（育成医療）、身体障害者の自立と社会参加のために必要な医療（更生医療）、精神障害者が病院や診療所に入院することなく、通院によって適正な医療を受けられるように支援する（精神通院医療）を一つにまとめたものです。

⑥　補装具

　補装具とは、車いす、義肢、義眼など、①身体の欠損または損なわれた身体機能を補完、代替するもので、障害種別に対応して設計・加工されたもの、②身体に装着（装用）して日常生活または就学・就労に用いるもので、同一製品を継続して使用するもの、③給付に際して専門的な知見（医師の判定書または意見書）を要するもの、の条件を満たすものを指します。

　このうち、視覚障害に関係するものとして、盲人安全つえ（白杖）、義眼、眼鏡（矯正眼鏡、遮光眼鏡、コンタクトレンズ、弱視眼鏡）があります（ただし、盲人安全つえ（白杖）については、医師の判定書または意見書は不要です）。

(2) 地域生活支援事業

　障害のある人が、その有する能力や適性に応じ、自立した日常生活または社会生活を営むことができるよう、地域の実情に応じた柔軟な形態による事業を、効率的・効果的に実施するものです。例えば、日常生活用具の給付や貸与、移動支援（肢体不自由者・知的障害者・精神障害者に対する外出支援）、手話通訳、要約筆記等を行う者の派遣などがあります。日常生活用具は、障害者の日常生活上の不便さを取り除き、豊かで快適な生活を支援するための用具です。支給対象者や支給条件、支給対象となる品目については、自治体ごとに異なりますが、視覚障害者を対象とした日常生活用具としては、視覚障害者用ポータブルレコーダー、拡大読書器、音声時計、触知式時計、音声体温計等が認められています。

　地域生活支援事業は地方自治体が実施するもので、国が行う義務的経費ではありません。そのため、主に地方自治体の財政事情から、実施状況が異なることを理解しておく必要があります。

5　視覚障害者が利用できる施設等

(1) 視聴覚障害者情報提供施設

　視聴覚障害者情報提供施設は、身体障害者福祉法第34条に基づいて設置された施設で、「無料又は低額な料金で、点字刊行物、視覚障害者用の録音物、聴覚障害者用の録画物その他各種情報を記録した物であって専ら視聴覚障害者が利用するものを製作し、若しくはこれらを視聴覚障害者の利用に供し、又は点訳（文字を点字に訳すことをいう。）若しくは手話通訳等を行う者の養成若しくは派遣その他の厚生労働省令で定める便宜を供与する施設」です。法律では、視聴覚障害者情報提供施設と定められていますが、視覚障害者を対象にしたサービスは、視覚障害者情報提供施設（点字図書館）で提供されています。

(2) 訓練施設（歩行訓練、入所・通所・訪問）

　一人での外出を希望する視覚障害者に対して、白杖を使った歩行、交通機関の利用方法等をマンツーマンで指導する歩行訓練を行う施設があります。歩行訓練は、入所や通所のほか、なるべく利用者の生活環境に即した状態で行われることが求められるため、歩行訓練を行う専門職（歩行訓練士）が利用者の居宅へ訪問し、利用者の生活圏で訓練を行うことも可能です。

　訓練には、歩行訓練のみならず、音声によるパソコン操作や点字の習得、生活訓練等もあります。

(3) 教育施設

　2007（平成19）年に学校教育法が改正され、「特殊教育」から「特別支援教育」への

転換が図られました。特別支援教育では、障害の状態に応じて、その可能性を最大限に伸ばし、自立と社会参加に必要な力を培うため、一人ひとりの教育的ニーズを把握し、適切な指導および必要な支援が行われています。また、障害の状態等に応じ、特別支援学校や小・中学校の特別支援学級、通級による指導等において、特別の教育課程、少人数の学級編制、特別な配慮の下に作成された教科書、専門的な知識・経験のある教職員、障害に配慮した施設・設備などを活用した指導や支援が行われています。視覚障害のある児童生徒の場合には、視覚障害の程度やニーズ等に応じ、特別支援学校（視覚障害）、弱視特別支援学級、弱視通級指導教室等で学ぶことができるようになっています。また、特別支援学校（視覚障害）のなかには、あん摩マッサージ指圧師、はり師、きゅう師等を養成する高等部専攻科を設置している学校もあります。なお、現在の法制度では、視覚障害者（児）が学ぶことができる特別支援学校は、視覚支援学校、視覚特別支援学校や視覚障害特別支援学校と呼ばれていますが、特殊教育の時代の盲学校の名称を残している学校もあります。

(4) 盲導犬施設

　盲導犬は、身体障害者補助犬法に明記された3種類の補助犬（盲導犬、聴導犬、介助犬）の一つです。補助犬は、障害者の自立や社会参加のための一つの選択肢であり、福祉用具等の一つと法律上位置づけられています。盲導犬は、視覚障害者が安全に歩けるように、障害物を回避したり、立ち止まって曲がり角や段差を伝える等の役割を果たします。

　盲導犬施設では、盲導犬の利用を希望する視覚障害者に対して盲導犬を貸与することを目的として、盲導犬の育成から視覚障害者の安全な外出を支援するための訓練（基本訓練、誘導訓練）や視覚障害者との共同訓練を実施しています。

6　障害者を対象としたその他の制度

(1) 公的年金制度

　年金は大別すると公的年金と私的年金に分けられます。日本の公的年金制度は、老齢になったとき（老齢年金）、事故などで障害を負ったとき（障害年金）、一家の働き手が亡くなったとき（遺族年金）に、みんなで暮らしを支え合うという社会保険の考え方でつくられた仕組みです。

　障害年金は、病気やけがによって生活や仕事などが制限されるようになった場合に、現役世代も含めて受け取ることができる年金です。受給要件が定められており、一定以上の障害がある場合に対象となります。ただし、身体障害者手帳のように、障害の程度のみによって受給できるわけではありません。受給においては、原因となった傷病の初診時にどの年金制度（国民年金や厚生年金など）の被保険者（加入者）であったか、その初診日において定められた保険料の納付要件を満たしているかによって、支給される年金制度はもちろんのこと、受給権の有無さえも左右されます。したがって、仮に全盲であっても、これらの要件を満たしていなければ、支給されない場合があります。

現在、障害年金の受給要件を満たしているにもかかわらず、自身がその対象となることを知らず、申請していない人が多いと推定されるため、厚生労働省が広報している現状もあります。障害年金は、視覚障害を理由に就労の機会が奪われ収入を得ることが難しい人や、中途失明で離職を余儀なくされた人にとって、生活の大きな支えになっています。

(2)重度障害者医療費助成制度

健康保険に加入している重度の障害のある方が、病気やけがで医療機関にかかったときの保険診療の一部負担金を助成する制度です。医療機関を受診する際、加入している医療保険の種類（国民健康保険・健康保険・共済組合等）にかかわらず、医療費の7割が医療保険から給付され、残る3割が本人負担となります。75歳以上の後期高齢者については、後期高齢者医療制度の対象となり、1割が自己負担となります。

これらの自己負担分について、重度の障害者に対して、その一部または全部を助成する制度を設けている自治体があります。その場合、医療機関を受診する際には、保険証と併せて医療費の助成制度が利用できることを証明するもの（「〇〇医療証」等の名称が一般的ですが、自治体によって異なる場合があります）を医療機関に提示する必要があります。なお、この助成制度は各自治体によって内容が異なりますので、助成される範囲や、対象者についても、一定ではありません（一定額以上の所得のある人については対象外となる等）。生活保護受給者については、医療機関での本人負担はありません。福祉事務所が発行した医療券を、医療機関の窓口へ提出することになっています。

(3)外出時に利用できる障害者割引

国等の公的機関が提供する社会保障制度や福祉サービス以外に、民間事業者等が障害者に対して提供している割引（障害者割引）があります。障害者割引とは、公私さまざまなサービス利用時に、一定の条件下で割引金額を適用し、障害者が障害のない人たちと同様に社会参加できるようにするためのサービスです。以下、外出時に利用できる障害者割引について紹介します。同行援護を利用して外出する際に必須の知識ですので、しっかりと理解しておきましょう。

① 公共交通機関の障害者割引

多くの公共交通機関には、運賃の割引制度があります。障害者割引は、各事業者が公平性の観点から実施しているサービスであるため、事業者によって、サービスの対象者、内容、利用条件等が異なっています。例えば、事業者によって割引率も異なりますし、介助者にも割引サービスを提供している場合もあります。利用する際には、障害者手帳の提示を求められます。白杖を利用しているから割引が受けられるわけではありませんので、正しい知識をもっておくことが不可欠です。

❶ 鉄道

JRでは、身体障害者と知的障害者に対して割引を実施しています。手帳の等級などから第1種障害者と第2種障害者に分けて割引額を定めています（身体障害者手帳には「級」と「種」とがあり、「1種1級」「2種5級」などと記されています）。例えば、第1種障

害者とその介護者（介助者）について普通乗車券、回数乗車券、普通急行券を50％割引（回数乗車券以外は他の鉄道会社線とまたがってもよい）にしてくれます。また、第1種障害者と12歳以下の障害児についてはその介護者（介助者）とともに定期乗車券を50％割引にしてくれます。片道の営業キロが100キロを超える際には、第1種障害者と第2種障害者が単独で利用する場合に、普通乗車券が50％割引（他の鉄道会社線にまたがってもよい）になります。

　鉄道の場合、JRの旅客運賃割引に準拠している会社が多くありますが、違う設定をしている会社もありますので、各鉄道会社のホームページや手帳を発行している自治体に確認してください。なお、各地方自治体が運営する交通機関の場合には、その自治体に住んでいる障害者に対して、本人およびその介助者が無料で乗車できる券を支給している場合もあります。

❷　バス

　バスに関しては、ほとんどの市町村で、一定の条件下で障害者割引を実施しています。市町村で割引乗車券等を発行していて、割引率はJRに準拠している会社が多いようです。ただし、会社によって、条件や割引率が違うこともありますので、各市町村の障害福祉課などにご確認ください。

❸　タクシー

　タクシーは、障害者手帳（身体・知的・精神）を提示することにより、乗車料金が1割引となるサービスを提供している会社が多くあります（観光タクシーやハイヤーなど、割引にならないものもあります）。障害者手帳に記載されている氏名や手帳番号を乗務員が控える場合もあります。ただし、タクシー会社によってサービス内容等は異なりますので、乗車前に確認しておくとよいでしょう。自治体によっては、福祉タクシー利用券（タクシーチケット）を交付しているケースもあります。

❹　船・飛行機

　船や飛行機を利用する際にも、障害者手帳を提示することで、割引を受けられる場合があります。ただし、割引の有無や割引率等は、会社によって異なりますので、事前に確認してください。なお、船については、乗船券に対する割引はあっても、座席指定券や特別室料金については割引がない場合もあります。また、飛行機の場合、LCC（格安航空会社）のように最初から料金が安く設定されている場合には、障害者割引が使えないケースもあります。

②　入場料等の障害者割引

　映画館や博物館、テーマパーク等の入場料、寺社の拝観料等にも、身体障害者手帳を提示することで、本人および介助者に対して割引が適用される場合があります。割引の有無や割引率等については、各社ごとに異なります。場合によっては身体障害者手帳を提示すれば無料になるところもあります。不明な場合は、入場券売り場等で確認するとよいでしょう。

7 まとめ

- 日本における障害者福祉の動向について解説しました。国際的な動向に呼応し、施設から在宅へ、措置から契約へと変化してきたことを紹介しました。
- 主要な法律における障害者の定義について解説しました。さまざまな福祉サービスを受けるために必要な身体障害者手帳、療育手帳、精神障害者保健福祉手帳の3種の障害者手帳についても紹介しました。
- 障害者福祉の基盤となっている主要な法律について解説しました。福祉六法と併せて現在の福祉制度の基盤となっている障害者基本法、障害者差別解消法、障害者虐待防止法、障害者総合支援法について紹介しました。
- 障害者総合支援法における障害福祉施策の実際について解説しました。また、自立支援給付と地域生活支援事業の違いやそれぞれで利用できる支援の概要についても紹介しました。
- 視覚障害者が利用できる施設等について解説しました。視覚障害者情報提供施設、歩行訓練や入所・通所・訪問訓練が受けられる施設、教育施設、盲導犬施設について紹介しました。
- 障害者を対象としたその他の制度として、公的年金制度と重度障害者医療費助成制度について解説しました。また、外出時に利用できる障害者割引サービスについて紹介しました。

第5章 同行援護の制度

本章の目的　視覚障害者（児）の外出を支援する同行援護制度について理解します。また、視覚障害者（児）の外出支援制度の歴史を踏まえ、現在の制度、利用者、支援者（ヘルパー）の資格要件等について理解します。

1　同行援護以前の外出支援制度の歴史

　本章では、同行援護が誕生する前の外出支援の制度について紹介します。福祉制度全体の流れについては、第4章をご参照ください。

(1) 盲人ガイドヘルパー派遣事業

　1974（昭和49）年に、身体障害者地域福祉活動促進事業の一つとして、視覚障害者の外出を支援する「盲人ガイドヘルパー派遣事業」が導入されました。それ以前は外出支援の制度が何もなかったなかで、この制度が誕生したことは、視覚障害者の外出支援の歴史のなかで、大きな転換点でした。

　しかし、当時の制度は、現在の同行援護と比較した場合に、大きく三つの違いがありました。一つめは制度を利用できたのは、外出時に付き添いが得られない重度視覚障害者だけでした。そのため、家族が同居しているなど、付き添いが得られると見なされた視覚障害者は、制度の対象外でした。二つめは、低所得世帯の人のみを対象としていました。三つめは、外出の目的について、行政機関や医療機関に行くなど社会生活上必要不可欠な外出のみが支援対象であり、余暇活動等の社会参加のための外出は支援対象ではありませんでした。

　さらに、ヘルパーの資格要件も不透明で、原則、利用者の推薦により決められていたため、ヘルパーが研修を受けるような機会もありませんでした。その結果、ヘルパーによって支援技術が異なり、利用者に不安を与えるだけではなく、ヘルパー自身にとっても、自分の支援方法が適切なものかどうか見直すことができない不安がありました。

　1979（昭和54）年、「盲人ガイドヘルパー派遣事業」は、障害者社会参加促進事業のメニュー事業の一つとなりました。

　1990（平成2）年、いわゆる福祉八法の改正に伴う身体障害者福祉法の改正によって、身体障害者居宅生活支援事業のなかの身体障害者ホームヘルプサービス事業へと再編されました。

　2003（平成15）年からの支援費制度では、支援費支給の対象へと移り変わりました。

(2)障害者自立支援法

　2006（平成18）年から始まった障害者自立支援法によって、従来の障害福祉制度は大規模に再編され、視覚障害者に対する外出支援制度は、地域生活支援事業の一つである移動支援事業として実施されるようになりました。実施主体は市町村で、支給対象や報酬単価は市町村ごとに決めていました。このため、住んでいる市町村が違えば支援が受けられない、転居前の市町村では利用できた支援が、転居後の市町村では利用できない等の問題が生じ、視覚障害者間での不公平感は否めませんでした。

　また、外出先での代筆や代読をはじめとした視覚的情報の提供が、移動支援に含まれるか否かが曖昧で、必要な支援が受けられないという問題が生じていました。

　そこで、日本盲人会連合（現：日本視覚障害者団体連合）が中心となって、視覚障害者の外出支援を全国一律の制度とすること、国が基準を定めて費用を負担する自立支援給付に位置づけること、外出先での代筆や代読をはじめとした視覚的情報の提供が支援内容に含まれることを明確にすること等を求めました。

(3)同行援護の創設

　日本視覚障害者団体連合からの要望に応える形で、2010（平成22）年12月3日、「障がい者制度改革推進本部等における検討を踏まえて障害保健福祉施策を見直すまでの間において障害者等の地域生活を支援するための関係法律の整備に関する法律」が施行され、翌2011（平成23）年10月から、これまでの移動支援事業の対象者のうち、視覚障害者を対象とする外出支援制度として同行援護が創設されました。これまでの移動支援事業（地域生活支援事業）と異なり、国が基準を決めて費用を負担する制度（自立支援給付）となり、従業者の資格要件も明確になりました。

2　同行援護制度の概要

　同行援護は、「障害者の日常生活及び社会生活を総合的に支援するための法律」（障害者総合支援法）の事業の一つです。障害者総合支援法では、同行援護を以下のように定めています。

> 第5条　略
> 4　この法律において「同行援護」とは、視覚障害により、移動に著しい困難を有する障害者等につき、外出時において、当該障害者等に同行し、移動に必要な情報を提供するとともに、移動の援護その他の主務省令で定める便宜を供与することをいう。

(1)同行援護のサービス内容

　同行援護のサービス内容は、以下のように規定されています。

① 移動時およびそれに伴う外出先において必要な視覚的情報の支援(代筆・代読を含む。)
② 移動時およびそれに伴う外出先において必要な移動の援護
③ 排泄・食事等の介護その他外出する際に必要となる援助

　ここで注目すべきは、1番目に「必要な視覚的情報の支援」があげられている点です。第2章の「視覚障害の理解と疾病」でも説明したとおり、視覚障害は情報取得の障害です。それゆえに、視覚障害者にとって最も必要な支援は、視覚的情報を提供することです(情報提供の重要性については、第7章でも説明いたします)。また、視覚的情報の支援のなかに、代筆・代読が含まれていることは、他の外出支援制度にはみられない、同行援護の重要な特徴の一つです。

　安心して安全に外出するためには、「必要な視覚的情報の支援」を行いつつ、「移動の援護」を行うことは必要不可欠です。また、移動の援護以外に、外出先でトイレを利用したり、食事をしたりする際に介護が必要になる場合がありますし、その他にも援助が必要になる場面もありますが、これらも同行援護のサービスに含まれます。なお、「介護」と聞くと、動作の補助をする「身体介助」を想起するかもしれませんが、厚生労働省の定義では、日常生活に必要な便宜を供与することを意味しています。障害の程度や重複障害の有無に応じて、供与する便宜の内容は異なります。単一の視覚障害者の場合、排泄の場面では、トイレの場所(知らない場所に外出しているときはトイレがあるかどうかがわからないため)、トイレ内の説明(個室内や便座がきれいかどうか、便座の向き、ペーパーや汚物入れ、洗浄ボタンの場所、鍵のかけ方や開け方等)等が、食事の場面では、メニューの代読、配膳の説明、ドレッシング等の説明が含まれます。

(2)同行援護の対象者の基準

　同行援護の対象者は、制度上は「視覚障害により、移動に著しい困難を有する障害者等」となっていますが、身体障害者手帳の等級による制限はありません。また、2013(平成25)年の法改正以降、難病の場合は身体障害者手帳がなくても障害者福祉の制度を利用できるようになりました。

　同行援護の対象者か否かについては、同行援護のアセスメント調査票によって判断することになります。このアセスメント調査票では、視力障害と視野障害に加え、夜盲についても評価対象となる点に特徴があります。

　同行援護のアセスメント調査票のうち、視力障害、視野障害、夜盲のいずれか1点以上であり、かつ、移動障害の点数が1点以上の者が同行援護の対象者になります。この条件を満たしていれば、身体障害者手帳の障害等級の有無、障害支援区分にかかわらず、同行援護の対象となります。なお、アセスメント調査票は、同行援護の対象者になるか否かを判断するためのものであって、個別具体的な支給量等を判断するものではない点に注意が必要です。

(3)同行援護サービスの範囲

　同行援護は外出時の支援が対象ですから、居宅内での家事援助等を行うことはできません。また、同行援護は、障害者福祉サービスにおける他の外出支援の制度と同様、①通勤、

図表 I-5-1　同行援護のアセスメント調査票

	調査項目	0点	1点	2点	特記事項	備考
視力障害	視力	1　普通（日常生活に支障がない。）	2　約1m離れた視力確認表の図は見ることができるが、目の前に置いた場合は見ることができない。 3　目の前に置いた視力確認表の図は見ることができるが、遠ざかると見ることができない。	4　ほとんど見えない。 5　見えているのか判断不能である。		矯正視力による測定とする。
視野障害	視野	1　視野障害がない。 2　視野障害の1点又は2点の事項に該当しない。	3　周辺視野角度（I／四視標による。以下同じ。）の総和が左右眼それぞれ80度以下であり、かつ、両眼中心視野角度（I／二視標による。以下同じ。）が56度以下である。 4　両眼開放視認点数が70点以下であり、かつ、両眼中心視野視認点数が40点以下である。	5　周辺視野角度の総和が左右眼それぞれ80度以下であり、かつ、両眼中心視野角度が28度以下である。 6　両眼開放視認点数が70点以下であり、かつ、両眼中心視野視認点数が20点以下である。	視力障害の1点又は2点の事項に該当せず、視野に障害がある場合に評価する。	
夜盲	網膜色素変性症等による夜盲等	1　網膜色素変性症等による夜盲等がない。 2　夜盲の1点の事項に該当しない。	3　暗い場所や夜間等の移動の際、慣れた場所以外では歩行できない程度の視野、視力等の能力の低下がある。	―	視力障害又は視野障害の1点又は2点の事項に該当せず、夜盲等の症状により移動に著しく困難を来したものである場合に評価する。必要に応じて医師意見書を添付する。	人的支援なしに、視覚情報により単独歩行が可能な場合に「歩行できる」と判断する。
移動障害	盲人安全つえ（又は盲導犬）の使用による単独歩行	1　慣れていない場所であっても歩行ができる。	2　慣れた場所での歩行のみできる。	3　慣れた場所であっても歩行ができない。	夜盲による移動障害の場合は、夜間や照明が不十分な場所等を想定したものとする。	人的支援なしに、視覚情報により単独歩行が可能な場合に「歩行できる」と判断する。

注1　「夜盲等」の「等」については、網膜色素変性症、錐体ジストロフィー、白子症等による「過度の羞明」等をいう。
注2　「歩行」については、車椅子等の移動手段を含む。

営業活動等の経済活動にかかわる外出、②通年かつ長期にわたる外出、③社会通念上適当でない外出については、支給の対象範囲から除外しています。なお、同行援護では、始点・終点の制限はないため、居宅以外が始点・終点であっても利用可能です。

(4) 利用時間（支給量）と期間

同行援護の利用時間（支給量）と期間については、以下のように決められています。
①　1日における時間数の制限は設けない。

② 支給が月単位のため、支給量が余った場合、翌月への繰り越し等は行われない。

(5) 同行援護従業者（ガイドヘルパー）の資格要件

　同行援護従業者（ガイドヘルパー）には、資格要件が設けられています。同行援護の仕事をする場合、同行援護従業者養成研修一般課程を修了する必要があります。また、同行援護事業所で必要なサービス提供責任者になる場合には、同行援護従業者養成研修一般課程（旧カリキュラムの養成研修修了者を含む）に加え、同行援護従業者養成研修応用課程を修了し、かつ、介護福祉士等の介護系資格を有していること、または、視覚障害者の介護等の業務に3年以上従事していることが条件となります。詳細は下表のとおりです。

図表 I-5-2　同行援護従業者の資格要件

従業者資格要件（ア、イ、ウのいずれかに該当する者）
ア　同行援護従業者養成研修（一般課程）を修了した者（相当する研修課程修了者を含む）
＊令和8年度末までの経過措置として、令和5年度末時点で同行援護事業所の従業者であった場合に限り、盲ろう者向け・通訳介助員については上記研修を修了したものとみなされます。
イ　居宅介護従業者の資格要件を満たす者であって、視覚障害者等の福祉に関する事業（直接処遇職員に限る）に1年以上（180日以上）従事した経験を有する者
ウ　厚生労働大臣が定める者並びにこども家庭庁長官及び厚生労働大臣が定める者（平成18年厚生労働省告示第556号）に定める国立障害者リハビリテーションセンター学院視覚障害学科の教科を履修した者またはこれに準ずる者

サービス提供責任者資格要件（①〜③のいずれかに該当する者）
①　下記アからオのいずれかおよびカの要件を満たす常勤の従業者
　ア　介護福祉士
　イ　実務者研修を修了した者
　ウ　介護職員基礎研修を修了した者
　エ　居宅介護従業者養成研修（平成25年改正前の1級課程）を修了した者
　オ　居宅介護職員初任者研修の課程を修了した者であって3年以上介護等の業務に従事した者
　カ　同行援護従業者養成研修応用課程を修了した者（相当する研修課程修了者を含む）
②　同行援護従業者養成研修一般課程（旧カリキュラムの養成研修修了者を含む）および同行援護従業者養成研修応用課程（相当する研修課程修了者を含む）を修了した者で、3年以上視覚障害者の介護等の業務に従事した者
③　国立障害者リハビリテーションセンター学院に置かれる視覚障害学科の教科を修了した者またはこれに準ずる研修を修了した者

　これらの資格はカリキュラムと科目ごとの時間数が定められており、具体的な研修実施要綱は各都道府県が定めるため、若干の違いはありますが、カリキュラムと時間数は全国統一であることから、どこの都道府県で資格を取得したかにかかわらず、全国どこでも同行援護従業者（あるいはサービス提供責任者）として従事することができます。

　なお、2023（令和5）年10月16日付け官報（号外第217号）で、養成研修カリキュラムの改正が告知され、2025（令和7）年4月から、養成研修は新カリキュラムで実施されることとなりました。この研修カリキュラム改正は、①同行援護従業者の質的向上を

図るため、カリキュラム内容を充実させ、②「盲ろう者向け通訳・介助員養成研修事業」による研修の修了者について、カリキュラムの受講の一部を免除することを目的に、2021（令和3）年度厚生労働行政推進調査事業「同行援護の担い手となる支援者の養成のための研究」において実施された新カリキュラム作成に関する調査研究に基づいて実施されました。改正のポイントは、同行援護従業者養成研修一般課程に交通演習を加えたうえで28時間とすること、盲ろう者通訳・介助員が同行援護従業者養成研修を受講する場合の免除科目を設定することです。なお、第136回社会保障審議会障害者部会（2023（令和5）年6月23日）において「同行援護従業者養成研修カリキュラムの改正について」（厚生労働省社会・援護局障害保健福祉部障害福祉課）が示され、これにしたがって、カリキュラム改正が行われました。

(6) 利用者負担

同行援護の利用者負担は、応能負担を原則としています。応能負担とは、経済的な負担能力に応じた負担で、利用者の経済状況によって、月あたりの自己負担額の上限（負担上限月額）が定められています。この負担上限月額と、利用に要した費用の1割に当たる金額のいずれか安いほうの金額が利用者の自己負担額となります。

障害福祉サービスを利用した場合の負担上限月額は、
① 生活保護世帯・市町村民税非課税世帯……………自己負担なし
② 市町村民税課税世帯のうち所得割が16万円未満…9300円
③ 市町村民税課税世帯のうち所得割が16万円以上…3万7200円

なお、ここでいう世帯の範囲については、障害者の場合は本人および配偶者、障害児の場合は住民基本台帳の世帯です。

(7) 利用手続き

同行援護を利用する場合の流れは、以下のようになります。

① 申請

利用を希望する場合は、居住する市町村に支給申請を行います。

② サービス等利用計画案の作成

同行援護を利用しようとする場合、サービス等利用計画案を作成し、市町村に提出する必要があります。このサービス等利用計画案は、相談支援事業所の相談支援専門員に、どのような支援が必要か等を伝え、それに基づいて作成されるものです。このサービス等利用計画案は、相談支援専門員を介さず、自分自身が作成することも可能です（これを「セルフプラン」と呼びます）。

③ 障害支援区分認定

障害福祉サービスを利用しようとする場合、障害支援区分認定を受けることになります。同行援護のみを利用する場合は、障害支援区分認定は必須ではありませんが、その他の給

付（居宅介護（ホームヘルプ）等）も併せて受給する場合は、障害支援区分認定が必要です。また、障害支援区分によって、同行援護の報酬に加算が行われます（障害支援区分3は20％、区分4以上は40％が加算されます）。

この障害支援区分は、機能障害によって判断する障害等級（身体障害者手帳の等級）とは異なり、生活のさまざまな場面で、どのような支援が必要か（または必要でないか）に基づいて決められます。

④ 支給決定

サービス等利用計画案の提出を受けた市町村は、同行援護アセスメント調査の結果と障害支援区分認定の結果（障害支援区分認定を受けている場合）とを踏まえ、サービス等利用計画案の内容が妥当かどうかを判断し、支給決定を行います。この際、市町村は支給決定を通知するとともに、障害福祉サービス受給者証を交付します。

⑤ 契約

支給決定を受けたら、同行援護を提供している事業者と契約を結ぶことになります。どこの事業者と契約するかは利用者の自己決定にゆだねられています。

利用者は、契約の際、その事業者が自分の希望に合った支援を提供しているかどうかを確認します。具体的には、利用を希望する曜日や時間帯に支援を受けることができるか、1日あたりの派遣可能時間、特に早朝・夜間の利用を希望する場合や、お盆休みや年末年始の利用を希望する場合は、それに対応しているかどうか、実際にサービスを受ける事業所に何人の同行援護従業者が登録しているか等が、事業者を選ぶ際に考慮すべきポイントになります。

なお、契約する事業者は1か所のみにしなければならない決まりはありませんので、月々の支給時間の範囲内であれば、複数の事業者と契約することも可能です。

3 他の外出支援制度等との関係

ここでは、同行援護と類似した障害者の外出支援の制度について、同行援護との違いに着目して説明します。

(1) 移動支援事業

同行援護はマンツーマンの支援が基本ですが、移動支援事業はマンツーマンの支援だけでなく、一人のヘルパーが複数の利用者に対して同時に支援を行うグループ型など、同行援護ではできない支援も提供されています。

そのため、同行援護では対象とならない支援についても、移動支援事業として実施・提供されることが期待されています。

移動支援事業の実施主体は市町村です。支給対象者、支給量、報酬単価、従業者の資格要件等について、全国的に統一された基準がなく、各自治体の裁量にゆだねられています

ので、自治体ごとに違いがあります。

(2) 通院等介助

　障害者総合支援法の居宅介護や介護保険の訪問介護を利用している人が医療機関に通院する際、居宅から医療機関までの移動を支援するのが通院等介助です。通院等介助は、医療機関への通院と公的機関への外出にのみ利用可能で、目的地が限定されています。また、居宅発着でなければならない点で、同行援護とは異なります。

　目的地が同じであったとしても、同行援護とは支援の目的が異なりますので、利用者の希望に添った支援が適用されることとなり、どちらかを優先的に使わなければならないというわけではありません。

(3) 盲ろう者向け通訳・介助員派遣事業

　視覚と聴覚に重複して障害のある盲ろう者を対象とした外出支援制度として、盲ろう者向け通訳・介助員派遣事業があります。

　この事業では、盲ろう者に対し、移動の援護のほかに、盲ろう者それぞれのコミュニケーション方法に応じ、意思疎通や情報入手の支援を提供します。買い物、通院、余暇活動などさまざまな場面で利用することが可能です。

　都道府県地域生活支援事業であるため、都道府県・政令市・中核市単位で事業が実施されています。利用対象となる盲ろう者の条件やサービス内容、利用可能時間数、通訳・介助員の要件は、自治体ごとに異なります。自治体によっては、同行援護で支給の対象として除外されている、居宅内での支援、通勤、通学・通所等の通年かつ長期にわたる内容についても、通訳・介助員の派遣を認めている場合があります。

　盲ろう者向け通訳・介助員派遣事業と同行援護の両方を一人の盲ろう者が利用することができます。また、同時間帯に複数の支援者が必要になる場合、盲ろう者向け通訳・介助員派遣事業と同行援護を併用して、各事業から1名ずつの派遣を受けることも可能です。

(4) 代筆・代読を支援する制度

　同行援護における代筆・代読は、あくまでも移動時およびそれに伴う外出先における支援が対象です。そのため、居宅内での支援は対象外となります。

　例えば、「自宅に届いた郵便物の差出人や中身がわからない」「イベントや催し物の内容がわからないので申し込めない」「薬や家電製品等の説明書や注意書きが読めない」など、日常生活を送るうえで困難があり、社会参加が制約されている状況が今も続いています。

　ここでは、同行援護のほかに代筆・代読の支援を受けることのできる制度を二つ紹介します。

　一つめは、居宅介護（ホームヘルプ）です。居宅介護は、自宅で「身体介護」「家事援助」「通院等介助」「通院等乗降介助」の四つの援助を行うこととされており、居宅内での代筆・代読は「家事援助」として行うことが可能です。

　二つめは、地域生活支援事業の意思疎通支援事業です。意思疎通支援事業には、手話通訳者や要約筆記者の派遣、代筆・代読・点訳・音声訳等が含まれています。

したがって、外出時の代筆・代読では不十分な場合、これらを柔軟に組み合わせることで、必要な支援が受けられる環境を整えることが肝要です。

(5) 重度障害者等就労支援特別事業

既に述べたとおり、同行援護は、通勤や営業活動に利用することはできません（本章「(3) 同行援護サービスの範囲」（56 ページ）参照）。このことは、単独での通勤が困難な視覚障害者の就労を困難にする大きな障壁となっていました。障害者就労の現場では、就労と福祉とが切り離された状態が長年続いていました。視覚障害者の職業として最も多い鍼灸マッサージ業界においては、訪問マッサージという事業形態において困難を生じることも多くなっていました。

そんななか、2020（令和 2）年 10 月から、重度障害者等に対する通勤や職場等における支援を目的とした「重度障害者等就労支援特別事業」が開始されました。視覚障害者については、被用者の場合、通勤時の支援に加え、職場内での視覚的情報提供、本社－支社間の移動の支援などが対象とされました。自営業者の場合、訪問治療への同行や記録の代筆・代読などが支援対象として認められるようになりました。

なお、支援内容は同行援護と似ていますが、重度障害者等就労支援特別事業は同行援護とは別の制度です。また、市町村が実施する地域生活支援事業の任意事業に位置づけられることから、市町村ごとに実施状況が異なる点に注意が必要です。

4 まとめ

- 同行援護以前の外出支援制度の歴史について解説しました。盲人ガイドヘルパー派遣事業、障害者自立支援法、同行援護制度の創設について紹介しました。
- 同行援護制度の概要について解説しました。法律上の根拠、同行援護のサービス内容、対象者の基準、サービスの範囲、利用時間（支給量）と期間、同行援護従業者（ガイドヘルパー）の資格要件、利用者負担、利用手続きについて紹介しました。
- 同行援護に関連する福祉制度について解説しました。移動支援事業、通院等介助、盲ろう者通訳・介助員派遣事業、代筆・代読を支援する制度、重度障害者等就労支援特別事業について紹介しました。

第6章 同行援護従業者の実際と職業倫理

免除科目

本章の目的　同行援護従業者の役割、派遣の流れ、具体的な業務内容と職業倫理を理解します。また、利用者のさまざまな状態に合わせた具体的な支援方法や外出に必要な知識を理解します。

1 同行援護の定義と同行援護従業者の役割

　同行援護は、障害者総合支援法第4条の「障害福祉サービス」の一つとして次のように定義されています。

> 「同行援護」とは、視覚障害により、移動に著しい困難を有する障害者等につき、外出時において、当該障害者等に同行し、移動に必要な情報を提供するとともに、移動の援護その他の主務省令で定める便宜を供与することをいう。

　同行援護のサービス内容は、移動時およびそれに伴う外出先において必要な視覚的情報の支援（代筆・代読を含む）、移動時およびそれに伴う外出先において必要な移動の援護、排泄・食事等の介護その他外出する際に必要となる援助です。移動時およびそれに伴う外出先で行うサービスであるため、自宅内での支援はできないこととなっています。

　同行援護の従業者は、同行援護従業者養成研修を修了した者、居宅介護の従業者要件を満たす者であって、視覚障害を有する身体障害者等の福祉に関する事業（直接処遇職員に限る）に1年以上従事した経験を有する者、厚生労働大臣が定める者並びにこども家庭庁長官及び厚生労働大臣の定める者（平成18年厚生労働省告示第556号）に定める国立障害者リハビリテーションセンター学院視覚障害学科の教科を履修した者またはこれに準ずる者とされています。

2 同行援護従業者としての活動の流れ

(1) 派遣前

　事業所が利用者からの利用申込を受け付け、条件に合う同行援護従業者を決定します。同行援護従業者は、事業所から派遣指示を受けた際、対象となる利用者の身体状況、既往

症や歩き方、また支援内容や目的地等のその日の外出についての詳細を確認し、支援が可能であれば承諾します。不明な点は必ず事業所に前もって確認するようにします。また、目的地についても当日困ることのないように、事前に地図や行き方を調べておくとよりスムーズに活動ができます。

外出支援ですので、その日の天気の動向についても注意し、雨の場合は傘やカッパの準備、暑い時期には暑さ対策の帽子や水分補給のための準備が必要になります。また、筆記具や眼鏡など、支援の際にヘルパーが必要となる物の準備も忘れないようにしましょう。

(2)当日

事業所から指示のあった時間に利用者宅（自宅以外が待ち合わせ場所になる場合もあります）へ訪問します。開始時間の少し前には着くようにこころがけましょう。

利用者には、正面から気持ちよくあいさつをしましょう。次に利用者の健康状態や身だしなみの確認（着ている服にしみがないか、靴下の色は左右で異なっていないかなど）をします。

利用者と開始時間を確認し、身体障害者手帳や財布、診察券や外出中に服薬する必要がある薬など、その日の外出に必要な持ち物を確認したのち出かけます。

利用者には外出時できるだけ白杖を携帯してもらうようにします。白杖があれば、視覚障害者と同行援護従業者であることが第三者にわかりやすく、事故などのリスクも軽減できるからです。ただ、白杖を持つということは利用者にとって、精神的な負担を強いる場合もありますので、同行援護従業者から持つことを強制はしないようにしましょう。

当日に利用者から直接時間や行き先等の変更をいわれることがあっても、必ず事業所を通すようにしてください。変更の内容によっては事前に準備が必要なこともありますので、わかった時点で申し出てもらうように伝えましょう。急なことで対応せざるをえない場合でもあとから必ず事業所には報告するようにしましょう。なお、利用者宅を訪問した際に利用者の応答がない、外出準備が整っていないときは、事業所に連絡をして指示を仰ぐようにしてください。

(3)ガイド中

ガイド中は安全かつ快適な同行援護の提供を行います。情報提供、代筆・代読はもちろんのこと、呼吸や顔色などを観察し、利用者の身体状況の変化などにも注意しながら支援をします。また、一人ひとり見え方や歩き方も異なりますので、利用者に合った支援を心がけるようにしましょう。

歩く速度にも注意が必要です。利用者の歩く速度に合わせて歩きます。周りの様子に注意して歩くことが大切です。自転車の飛び出しや歩きスマホの人などと利用者が接触するということがないように、目の前はもちろんのこと左右や後方への注意も怠らないようにしましょう。

段差を越える場合には足元に、木の枝などが垂れ下がっている場合には頭上へ注意を払ってください。

利用者の荷物の管理は基本的には利用者にしてもらいます。ただし、利用者の歩行の安

全が守れないような場合には、同行援護従業者が手伝う場合があります。また、高齢の利用者の場合、財布などの貴重品も同行援護従業者に預けたいという方もいますが、できるだけ利用者自身に行ってもらうよう促します。

ガイド中に印鑑など、利用者から預かったものを返すときは必ず手渡しで返すようにしましょう。また利用者が受け取ったのち、どこにしまわれるのかも確認しておきましょう。

目的地で用事を済ませ、次の場所へ移動する際には、荷物の置き忘れがないか、同行援護従業者が必ず確認します。

ガイド中の交通費や食事代等の負担については、事業所ごとに取り決めがありますので、しっかりと確認しておきましょう。利用者に余計な出費をさせたりすることは避け、また、利用者からのおごりや贈り物なども丁重にお断りするようにしてください。

外出中に食事をとる場合などは、アレルギーや糖質・塩分制限のある利用者へは必要な情報提供を行います。また、外出中に服薬が必要な利用者には、声かけや見守りなどの支援も行います。

(4) ガイド終了後

サービス提供実績記録票等へサービス提供時間を記入し、利用者に確認をしてもらいます。時間記入が正確でないと、利用者がその月に同行援護従業者を利用できる時間数に影響する場合がありますので、間違いのないように記入してください。

利用者が外出の際に持ち出したものをちゃんと持ち帰ったか、外出先で購入したものをどこに置いたかなども確認しておきましょう。

帰宅時に体調に変化がないかも確認してください。もし気になることがあれば事業所に連絡し、同行援護従業者が帰った後も利用者の体調確認を引き続き行えるようにしておきます。

同行援護従業者も利用者宅に忘れ物をしないようにしましょう。

ガイド終了後、同行援護従業者は所属事業所や自宅に戻り、事業所から指定のあった業務報告書等の記入をして提出をします。ガイド中のヒヤリ・ハットや軽いけが等も隠さずに必ず報告してください。利用者が事業所に報告を希望しない場合には、利用者の意向も含めて報告してください。その日に利用者のことで気になったことがあれば、日を置かず速やかに事業所に報告をします。また、その日の活動の振り返りもしておきましょう。

 ## 利用者ができることを取らない

利用者と外出中に食事をとる際、利用者のお箸を取って割る、弁当に入っているソースをかけるなど、利用者に頼まれていないのに勝手にしないようにしてください。見えない、見えにくくても利用者は自分でできる、したいと思っていることはたくさんあります。また、支援者がいないときに利用者が一人でできるように支援することも同行援護従業者の大切な支援です。

セクシャルハラスメントについて

　異性の利用者・同行援護従業者の場合、『ガイド中いすに座ったとき、利用者の手がわざと同行援護従業者の足に触れる』『会話中に、いやらしい話をされることがある』などの報告を聞くことがあります。活動中は1対1となりますので、もし嫌だと感じたりするようなことがあれば事業所に相談しましょう。またその場ではっきりと利用者に対して止めて欲しい旨を意思表示することも大切です。

　逆に、見えない、見えにくいことからふと手が同行援護従業者の身体に触れてしまうこともあります。その場合は、過度に反応しないようにしましょう。

3　活動中の留意点

　ガイド中は、適切な視覚情報提供、外出に伴う代筆・代読、目的地までの安全な誘導が原則です。そのうえで同行援護従業者は次のようなことに留意する必要があります。

(1)身だしなみ・服装等

　同行援護従業者は常に支援しやすい動きやすい服装、靴などに留意します。当日の利用者の外出目的によっては、その場にふさわしい服装が必要な場合もあります。その他にも利用者は同行援護従業者の腕を持って移動するので、できるだけ長袖を着用する、利用者の腕が触れる場所にアームバンド等を巻くなど、直に肌が触れないような形をとることも有効です。爪が伸びすぎていないか等にも留意します。匂いに敏感な利用者もいますので、香水、柔軟剤等の匂いも過度にならないように注意します。

(2)飲酒・喫煙

　ガイド中は仕事中のため、勧められても飲酒や喫煙はしないようにしましょう。また、お酒や煙草の臭いに敏感な利用者もいます。同行援護従業者が喫煙者である場合は、訪問時には気をつけましょう。

(3)おつかい

　同行援護は利用者に同行してのサービスですので、同行援護従業者単独でのおつかいはできません。利用者から依頼された場合も丁寧に説明したうえでお断りをしてください。ただし、利用者の身体状況等から同行ができない場合などは、安易に断る、逆に対応することは避け、他の制度の利用などを含め事業所に相談しましょう。

(4) ガイド中の時間の使い方

　ガイド中は利用者の時間であることに留意してください。利用者と一緒に外出している際に、電車に乗っているときや病院での待ち時間中についうとうとと居眠りをしてしまう、また、携帯で個人的なメールのやりとりをする、ゲームをするなどはやめましょう。利用者の買い物のついでに同行援護従業者が自身の買い物をすることは言語道断です。待機時間も業務の時間であり、ガイド中は利用者の時間であることを意識して行動してください。

(5) 業務への集中

　ガイド中は、業務に集中しましょう。利用者との外出時、会話に夢中になって利用者の足元を確認できずにつまずかせてしまった、降りるはずのバス停を通りすぎてしまったというようなことがないように、常に業務として次に行うべきことを考えながらガイドをするようにしましょう。

(6) 落ち着いた対応

　ガイド中は、焦らずに、落ち着いて行動することを意識しましょう。混雑した駅などで、周囲の状況を気にするがあまり自動改札口で切符を取り忘れる、目的地への到着時間が迫っている場合に、遅れてはいけないからとつい早足になり利用者が他人とぶつかるなど、焦って行動してしまうことは、結果的に利用者のけがや業務上のミスにつながります。常に冷静な対応を心がけることが必要です。

4 利用者の多様性の理解

(1) 高齢者の場合

　同行援護の利用者の約6割が65歳以上であるというデータ（厚生労働省：国保連データ平成27年3月より）があるように、実際に支援をする利用者の多くは高齢者です。

　高齢者の場合、例えば、動作がゆっくりになる、音が聞こえにくくなる、不安が強く気持ちが落ち込みやすい、暑さ・寒さや喉の渇き等を感じにくくなる、体力の低下にともない病気にかかりやすい、物忘れが増えてくるなど、身体面・精神面においてもさまざまな症状がでてくるため、注意が必要です。これらの症状がある場合、同行援護従業者は次のことに留意する必要があります。

- 動作がゆっくりしている場合には、歩くスピードに配慮する、転倒のリスクが高いことを意識して支援する、誘導の方法を工夫するなどが必要です。
- 耳が遠い場合には、ゆっくりはっきり話す、また声の高低や大小に気をつける、周囲へ利用者のプライバシーがわからないようにすることも重要です。
- 不安が強い場合には、より丁寧な情報提供を心がける、利用者の話をゆっくり聴く、安全な誘導を心がけると利用者の安心感につながります。

- 暑さ・寒さや喉の渇き等を感じにくい場合には、熱中症に留意し、適度な水分補給などの声かけを行います。
- 体力の低下にともない病気にかかりやすい場合には、訪問する同行援護従業者自身の体調管理をしっかり行います。また、インフルエンザなどが流行っている時期の通院等には利用者の待合室での待機場所を考えたりするなど、特に配慮することが必要です。気持ちの変化もあるので、利用者にできるだけゆったりとした気持ちで接していくことも大切です。

今後も利用者の高齢化は進むため、さまざまな場面において高齢視覚障害者への支援方法を確認していく必要があり、また利用者のちょっとした変化を身近で感じることができるのが同行援護従業者ですので、どんな些細なことでも気になったことは事業所に報告するようにしましょう。

(2) 視覚障害以外の障害がある場合

利用者のなかには、視覚障害だけではなく、他の障害を併せ有する場合もあります。そのような利用者の場合、視覚障害への対応だけではなく、それぞれの障害特性を考慮した支援が必要です。視覚障害も多様なように、他の障害も多様です。決して「この障害はこうだから」と決めつけることなく、一人ひとりにあった支援が必要となります。

視覚障害以外の障害についても、障害の特性について積極的に学び、具体的な支援方法については、一人ひとりに合わせて事業所と相談しながら組み立てていく必要があります。

(3) 歩き方の多様性

利用者によって、さまざまな歩行方法があるため、それぞれの留意点等を理解し、対応する必要があります。

① 白杖

図表 I-6-1　白杖の種類

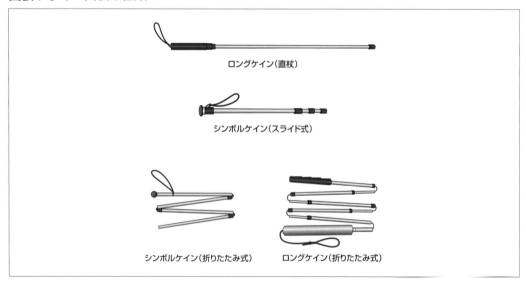

単独歩行をするために歩行訓練を受けた視覚障害者が同行援護従業者と歩く場合、足元の状況が変わる場面（例えば、階段の昇降の始め、電車乗降時の溝幅の確認等）については白杖を使って足元を確認されることがあります。同行援護従業者の支援は誘導の基本の形で行いますが、利用者が杖で確認することを妨げるようなことはしないようにしましょう。なお、白杖を使用している利用者が全員、白杖で足元の状態を確認するわけではありません。また、地面や障害物を確認してもらう際に、同行援護従業者が白杖を掴むことは、絶対にしないでください。

② 支え杖

　支え杖は、歩行時における身体の支持やバランスを補助するために用いられる杖です。T字杖、ロフストランドクラッチ（前腕固定型杖）、松葉杖、多脚杖等、さまざまなタイプの杖があります。杖に重心をかけながら歩くため、杖が安定しないと転倒のリスクが高くなります。また、平坦ではないところを歩く際、杖を置く地点の状態に注意する必要がありますし、雨の場合、路面が濡れていることで滑りやすくなるので注意が必要です。白杖を身体の支持やバランスを補助するために利用する場合には、白杖の先（石突きという）が減っていると安定しないので注意が必要です。

図表 I-6-2　T字杖

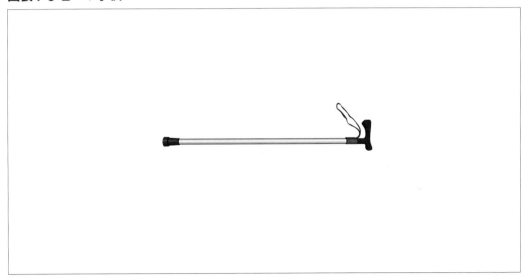

③ 盲導犬

　盲導犬を利用していても、盲導犬が目的地に連れて行くわけではなく、目的地までどのようなルートで行くのかなどは視覚障害者がすべて判断します。そのため、視覚障害者が行ったことのない場所や不慣れなところでは情報提供が必要であるため、同行援護従業者が同行する場合があります。盲導犬の対応（排泄物の処理など）に関しては、利用者がすべて行いますが、周りの状況を確認して、危険な場所ではないか、道をふさいでいないか

等の情報提供はしっかり行ってください。また、盲導犬に変わった様子がないか、排泄物の色はどうか等の情報提供は、同行援護従業者の役割ですので、しっかりと行ってください。

同行中は盲導犬を意識せず、情報提供に集中するようにしましょう。盲導犬を伴う場合、利用者が盲導犬か同行援護従業者のどちらの誘導を基準に歩くかで、支援の方法が異なってきます。

図表 I-6-3　盲導犬と利用者

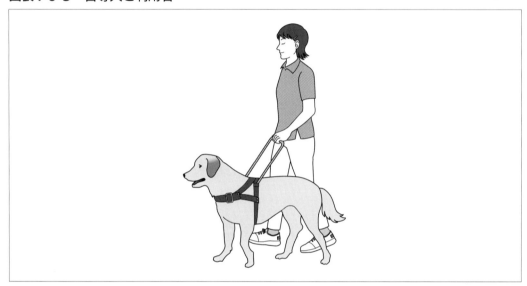

❶　盲導犬を基準にする場合

利用者はハーネスを持って歩きますので、同行援護従業者は利用者の前後左右で利用者が希望する位置に立ち、見守りながら歩きます。盲導犬が利用者に知らせることは主に、曲がり角、段差、障害物ですので、同行援護従業者はそれ以外の周囲の状況等をしっかりと情報提供します。

❷　同行援護従業者を基準にする場合

利用者は盲導犬のリードを片手に持ち、もう片方の手で同行援護従業者の腕を掴む形となりますので、ヘルパーは基本的な誘導方法で移動をします。利用者を中央に、どちらかに同行援護従業者、どちらかに盲導犬がいるという状態になりますので、同行援護従業者は歩幅や歩行速度に注意してください。また、足元の確認を十分に行ってください。

5　外出中のリスクについて

(1) 備えておくこと

緊急時対応・事故防止の観点から事業所で準備されているマニュアル等を定期的に確認

し、また事業所の研修に参加するなど、日頃より万が一のために備えておきましょう。

あらかじめ利用者の既往症の確認や発作等が起こった場合の対応の仕方を確認しておくことで、利用者の体調の急変などにも対応できるようにしておくことが必要です。

荒天時の対応についても、事業所の指示のもとに動くようにします。また、ガイド中に災害が発生した場合には、直ちにガイドは中止し、双方が安全を確保できる場所へ避難します。行政や事業所が定める災害時のマニュアル等を日頃から確認しておくとよいでしょう。

(2) ガイド中の体調変化と事故対応

ガイド中、利用者の体調が急変した場合は、まず同行援護従業者が冷静になり、その場所でAEDなど適切な処置をしたのち、速やかに事業所に連絡をして指示を仰ぐようにします。必要によっては現場でヘルパーが救急車を呼ぶ、同乗して病院まで同行する等の対応も行います。症状が改善した場合にも、無理に外出を続けることは避け、帰宅または受診を促します。いずれの場合も、同行援護従業者には医療行為は行えませんので注意が必要です。

① 感覚麻痺による出血

糖尿病などによる末梢神経の感覚麻痺により、屋内で足の先をぶつける、コタツなどで低温やけどをしていても気がつかず処置が遅れ、感染症を起こしてしまうなどのリスクがあります。最悪の場合、足の一部切断などになりかねないため、同行援護従業者は訪問時利用者の足元などをチェックし、出血等があれば受診を勧め処置を促します。

② 糖尿病などによる低血糖

低血糖は、空腹感や震え、顔面蒼白、冷や汗などが主な症状です。ひどいときは意識混濁などが起こる場合もあります。利用者に糖尿病の持病があり、ガイド中に低血糖を起こした場合などは、利用者を安全な場所に移動させ、チョコレートなどの糖分で血糖を上げるようにし、しばらく安静にします。利用者によってはブドウ糖などを持参している場合がありますので、しまっている場所などを事前に確認しておくとよいでしょう。

③ 狭心症

発作が起きた場合はニトログリセリンなど発作を治めるための薬を速やかに飲んでもらい、しばらく安静にします。状況によっては救急車の要請が必要となることもあります。事前に薬がしまってある場所などを確認しておくとよいでしょう。

④ 熱中症

ガイド中、水分・塩分を適度に摂る等の声かけをしてください。特に高齢者は喉の渇き等についての感覚が弱くなっているため、喉が渇いていないということであっても水分補給をうながすとよいでしょう。ふらつき、汗が出なくなってくる、顔面蒼白などの症状が見られたら、できるだけ涼しいところへ移動し、水分補給をしてもらい安静にします。脇

の下や首を冷やすことも効果的です。状態が変わらなければ救急車を呼びます。

⑤　転倒などによる擦り傷、切り傷、動物にかまれるなどの裂傷

　汚れがあれば、水道水などで傷口を洗い、傷口を清潔に保った状態で圧迫し止血します。傷口が大きい場合や出血が多い場合、速やかに受診するように促します。

⑥　転倒などによる打撲・骨折

　頭などを打った場合には、できるだけ安全な場所で安静にしてもらいます。
　意識がある場合には速やかに受診を勧め、意識がない場合などはすぐに救急車を呼ぶなどします。手や足を打った場合は可能ならばその場でタオルなどを濡らして冷やします。また、骨折が疑われる場合はペンなどで固定します。いずれの場合も応急処置をして速やかに受診するように勧めます。

⑦　食べ物が喉に詰まるなどの状態

　利用者との食事中に食べ物を喉に詰まらせてしまうというようなこともあります。その場合は、利用者を前かがみにさせて、視覚障害者の肩甲骨の間（背中の真ん中あたり）を手のひらで2、3回叩きます。硬い異物の場合は出てくることがあります。それでも出ないときは、両腕をわきの下から入れ、視覚障害者のみぞおちあたりで手を組み、自分に引き寄せ上に上げるようにします。相手の反応を見ながら行います。

⑧　心肺停止

　突然、利用者が倒れた場合は、まず利用者の意識を確認します。呼びかけに応じない、意識がないと判断した場合は衣服を緩め、気道を確保しながら、心臓マッサージを行い、AEDでの応急処置をします。同時に救急車を要請します。

⑨　てんかん

　利用者によっては、ガイド中にてんかんの発作が起きる場合があります。発作が起こったら、利用者の周りから危険物を遠ざけ安全を確保します。利用者の衣服を緩め、意識がぼんやりとした状態が続く場合は利用者の様子を注意深く見守り、意識が回復するのを待ちます。大きな発作の場合は、気道の確保をし、呼吸が戻るのを待ち、意識が回復するまでそのまま静かに寝かせます。心肺停止やてんかん等の急な発作が食事中や食後すぐに起こったときは、嘔吐する場合もあります。嘔吐物により窒息する危険性がありますので、拭き取るなどの処置を行います。

⑩　事故等

　事故等が起こった場合には、利用者の安全を確保し、事故の状況、けがの具合、第三者の有無等を確認して、事業所へ連絡するとともに、警察・消防など必要な機関への連絡をします。ヘルパー自身もけがをしている場合などは周りの人に援助を求めます。

6 同行援護従業者の職業倫理

　同行援護従業者は視覚障害者に対する社会福祉（外出保障）の実現の大切な担い手です。同行援護従業者であること以前に、社会福祉にかかわるものとして基本とすべきことがあります。同行援護従業者は利用者に対して直接的な支援を行います。これは一般的に対人援助といわれます。

(1) 対人援助で必要なこと

① 利用者の自己決定

　決めるのは利用者です。常に利用者が判断しやすくなるための支援を行います。

② 利用者の個別化

　以前かかわった利用者がそうだったからと、ひとくくりに考えるのではなく、一人ひとりの考え方や思いを尊重することが大切です。

③ 利用者の受容・共感

　利用者と同行援護従業者が常に同じ考え方や価値観であるはずはありません。たとえ自分と考え方や価値観が異なっていたとしても、利用者の思いを尊重しながら、「この方はこのような思いをもっている」と共感し、受け止めることが大切です。

④ 傾聴・コミュニケーション

　利用者の話をゆっくりよく聴きましょう。よく聴いてもらったと思えることが利用者の安心感につながります。また、コミュニケーションの手段は言葉だけではありません。適度な相づちや利用者のほうを向いて話す姿勢等も大切で、利用者の「聴いてもらえている」という安心感・信頼感につながります。

⑤ 秘密保持

　福祉に携わる者として、利用者のプライバシーに触れる機会はたくさんありますが、絶対に漏らさないことが、相手との信頼関係を築くうえでも最も重要です。

⑥ 自分を知る

　同行援護従業者自身がどういった場合にどんな感情を抱く、どんな行動をとる傾向があるのかについて客観的に把握しておくと、実際そのような場面に遭遇した際に自身の感情や行動をコントロールすることができます。相手の状態にかかわらず、福祉に携わる者は常に冷静な対応が求められます。

(2) 従業者としての職業倫理

　職業倫理とは、仕事をするうえでのやっていいこといけないことを認識したうえで、その認識に従い行動することです。同行援護従業者には、以下に示すさまざまな職業倫理が課せられています。職業倫理をしっかりと守って活動することで、利用者との信頼関係が生まれます。また、利用者と信頼関係がしっかりと築けると、その日の外出が楽しく、安心・安全でとても充実したものになります。

①　利用者にとっての外出の意味合いを考える

　利用者のなかには、同行援護従業者と一緒に出かけることが唯一の外出手段である方も少なくありません。同行援護従業者としてその日かかわる利用者との外出を大切にしてください。

②　社会のなかでの活動

　同行援護従業者は利用者との個人的なかかわりではなく、利用者を支える社会資源としてのかかわりであることを意識しましょう。同行援護従業者自身が病院の待合室や公共交通機関のなかで周囲の状況を気にせず大きな声で話したり、優先座席で携帯電話を操作するなどはやめましょう。また、利用者が社会のルールに反する行動をとろうとした場合には、周囲の状況をしっかりと伝え、ルールに即して行動してもらうように促すことも必要です。

③　守秘義務

　同行援護従業者には常に守秘義務が課せられていることを意識してください。ガイド中に知り得た利用者に関する秘密や個人情報を第三者に漏洩することや目的外使用をしてはいけません。例えば、利用者から別の利用者の最近の様子を聞かれても、答えてはいけません。また、最近、誰とどんなところにガイドに出かけたかというようなことも守秘義務にあたりますので、絶対に第三者に口外してはいけません。守秘義務は退職後も適応されます。なお、同行援護従業者は、事業者に雇用されているため、利用者の支援にかかわる情報を事業所と共有することは問題ありません。

④　プロ意識

　同行援護従業者として、仕事に対する誇りをもちましょう。利用者の安心・安全な外出を保障するために的確な技術を身につけてください。また、さまざまなことへの探求心をもつことは、情報提供の豊かさや同行援護従業者としての対応力につながります。

⑤　チームとしての対応

　ガイド中は利用者と1対1ですが、サービス提供責任者を中心に複数の同行援護従業者が一人の利用者にかかわっています。チームでかかわっていることを意識し、自分一人の判断で行動しないようにしましょう。利用者からの個人的な依頼も受けないでください。

また、ガイド中に起こったことについてはこまめに報告・連絡・相談を心がけましょう。同行援護従業者からの報告をもとに、その利用者にかかわっている他のサービス（ケアマネジャーやホームヘルプ等）の関係機関との連携も重要です。

⑥ ハラスメント

ハラスメントとは、人に対する「嫌がらせ」や「いじめ」などの迷惑行為を指します。属性や人格に関する言動などによって相手に不快感や不利益を与え、尊厳を傷つけることがハラスメントです。ガイド中は利用者と同行援護従業者は1対1の状況になるので、特段の注意が必要です。ハラスメントには、セクシュアル・ハラスメント（相手を不快にする性的な言動）、パワー・ハラスメント（職務上の地位や人間関係などの職場内の優位性を背景に、業務上の適正な範囲を超えて、精神的・身体的苦痛を与える、または職場環境を悪化させる行為）、モラル・ハラスメント（相手に対して暴言を吐いたり、一見正論に見える言葉で相手を追い詰めたり、相手を無視したりといった、言葉や態度による精神的な暴力）等があります。ハラスメントと感じるかどうかは個人差があります。受けた者が不快であると感じたら、それは受けた者にとってのハラスメントとなります。相手を傷つけるつもりはなくても、加害者になる可能性がありますので、日頃から態度や言葉遣い等には留意して、利用者が嫌な気分にならないように気をつける必要があります。

⑦ 振り返り

日々の業務について、振り返りを行い、次の支援の機会に備えます。その日に起こったこと、その日に対応した利用者の支援方法などをメモや記録に残しておくことで、次の支援がスムーズに行えます。

⑧ 体調管理・ゆとり

同行援護従業者は外での支援であること、情報提供をしながら常に利用者の安全を守る必要があるため、緊張状態が続きます。自身が健康でないとよい支援は行えません。事故やけがを防ぐためにも常に体調管理を心がけましょう。また、常に心にゆとりをもって行動することも必要です。

7　まとめ

- 同行援護従業者としての活動の流れを解説しました。派遣前、派遣当日、ガイド中、ガイド終了後に行うべきことや心構え等を紹介しました。
- 同行援護従業者として活動する際の留意点について解説しました。身だしなみ・服装、飲酒・喫煙、おつかい、ガイド中の時間の使い方、業務へ集中したり、落ち着いて対応することの重要性について紹介しました。
- 同行援護の利用者の多様性を理解することの重要性について解説しました。高齢者や視覚障害以外の障害がある場合の留意点について説明したうえで、歩き方にも多様性があ

ることを紹介しました。
・同行援護の最中に起こり得るリスクについて解説しました。リスクへの備えの重要性、ガイド中の体調変化や事故が起こったときの対応方法について紹介しました。
・同行援護従業者の職業倫理について解説しました。対人援助で必要な留意点や従業者として守らなければならない職業倫理について紹介しました。

第7章 情報支援と情報提供

本章の目的　同行援護従業者の役割として重要な情報提供の方法や内容を理解します。また、場面別に効果的な情報提供の方法を理解します。

1　情報支援・情報提供とは

　情報とは、伝達される内容のことです。視覚情報は、視覚を通して得られる情報のことで、視覚的情報は、形式や表現が視覚に訴える情報のことです。同行援護では、移動に関するすべての視覚的情報、つまり、移動のために必要な視覚的情報、移動中の視覚的情報、移動先での活動に必要な視覚的情報等を活用できるように支援（情報支援）したり、提供（情報提供）したりする必要があります。特に、移動に必要な情報を理解し、活用できるように支援したり、安心して安全に移動するために必要な情報を提供したりすることは、同行援護従業者の重要な役割です。視覚障害者は、視覚から入ってくる情報が少なかったり、あるいはまったく入ってこないため、同行援護従業者からの視覚的情報の支援・提供（以下、「情報提供」）は極めて重要です。特に、移動時の視覚情報は安心・安全にかかわる重要な情報ですし、外出先において活動する際には、状況を説明したり、代筆・代読が必要な場面も多いため、情報提供は必要不可欠です。

　情報提供に際して、同行援護従業者が視覚障害者の目としての役割を果たせるように、視覚情報や状況から判断して客観的で速やか、さらに視覚障害者のニーズに合った情報を適切な言葉や体の動きでわかりやすく伝えることが大切です。伝える情報は、視覚障害者がイメージをつかみ、自己決定し、行動するために有効な情報でなければなりません。視覚障害者が求める情報の提供が重要であり、同行援護従業者の勝手な判断による情報提供にならないようにすることが大切です。

(1) 言葉による情報提供

　同行援護従業者が見ているものや状況は、可能な限り、すべてを言葉で伝えることが基本です。情報を伝える際の優先順位は、安心・安全に関する情報、外出の目的を達成するために必要な情報、状況把握に関する情報、豊かさにつながる情報の順です。

①　安心・安全に関する情報

　移動の際に最も必要な情報は、安心・安全に関する情報です。路面の状況、段差や階段、坂道等の上り・下り、障害物、車や歩行者等の安全を確保するための情報提供は最も大切です。また、位置関係、距離、ルート、段差や階段の段数等は、見通しをもって安心して

移動するために必要な情報です。ガイド中、楽しい会話が弾んでいたとしても、危険や不安につながる場面においては、話を中断し、安心と安全につながる情報を最優先して伝えなければなりません。

② 外出の目的を達成するために必要な情報

外出にはさまざまな目的があります。例えば、買い物の場合には必要な物品を購入することが、通院の場合には診察を受けることが、会合の場合には議論に参加することが目的です。特定の場所に安心して、安全に到着した後、外出の目的を達成しなければなりません。例えば、買い物であれば、品揃え、値段や賞味期限、原料・材料、生産地等に関する情報が、通院であれば、窓口、待合室、順番待ちの人数、問診票への記入等に関する情報が、会議であれば、席次、参加者、配付資料、司会者・発言者の名前や表情等に関する情報が必要になります。そのため、目的地に到着した後も気を抜かずに、情報提供をし続けることが大切です。

③ 状況把握に関する情報

外出先では、状況を判断し、刻一刻と変化する状況に対応する必要があります。例えば、初めて行くお店では、広さ、席数、雰囲気、店主や店員の風貌、他のお客さんの様子等がわからないため、その場の状況を把握する必要があります。また、移動中には、事前には想定していなかった状況の変化、例えば、電車やバスが遅延していたり、工事が行われていたり、イベントの看板が設置されていたり、特売や割引のポップが表示されていたり、行列ができているお店があったり等に遭遇することがあります。外出先で行動したり、判断したりするためには、これらの状況把握は必要不可欠です。そのため、見えている人が入手しているその場その場で刻々と変化する目の前や周囲の状況を迅速かつ適切に伝えることが大切です。

④ 豊かさにつながる情報

豊かさにつながる情報とは、気持ちが和らいだり、楽しみにつながるような情報です。見えている人は用事のための外出であったとしても、道中で花や木を眺め、気になる店のショーウィンドーに目を向けながら歩いています。視覚障害者も外出時に楽しみや興味につながる情報を常に求めていますので、できるだけ多くの情報を伝えるようにしてください。

同行援護従業者は、これらの情報を、言葉で表現することが求められます。視覚情報を言葉で伝えるためには、理解力、語彙力、表現力が重要です。状況を正確に理解したうえで、適切な言葉を使って、わかりやすく表現する必要があります。状況の判断や言葉の使い方や表現の仕方を間違うと、視覚障害者に正確に伝わらないだけでなく、危険にもつながりかねないため注意が必要です。また、利用者である個々の視覚障害者が理解しやすい言葉の使用や説明の順序等にも留意する必要があります。

(2) 体感を活用した情報提供

同行援護では、言葉による情報提供が基本ですが、触覚等の体感を併用することも効果

的です。例えば、手引き誘導中には、利用者が同行援護従業者の肘や肩等と接触していることで伝わる情報も多くあります。同行援護従業者の肘や肩等が上下や左右に動くことで、利用者は段差の程度や進行方向が変わることを知ることが可能です。また、横断歩道の手前に来た際に、点字ブロック（視覚障害者誘導用ブロック）を足裏で確認できる位置、横断歩道を渡る際に、エスコートゾーンに足裏等が触れるよう、情報提供することも重要になります。商品等の説明をする際にも、実際に触れてもらうことで、形状や大きさ、重さ、質感等が伝わります。触覚だけでなく、聴覚（音）、嗅覚（におい）、味覚（味）を併用する工夫も考えられます。弱視（ロービジョン）の人の場合には、近づいたり、照明やコントラストを工夫したり、ルーペや単眼鏡等を利用したりすることで、実感しやすくなります。

図表 I-7-1　点字ブロックの種類

誘導ブロック（線状ブロック）
進行方向を示すブロックです。線が並んだ形状をしているため、「線状ブロック」とも呼ばれています。これは、視覚障害者がブロックの突起を足裏、あるいは白杖で確認しながら突起の方向にしたがって進むことができるように設置されています。

警告ブロック（点状ブロック）
「警告ブロック」は、危険箇所や誘導対象施設等の位置を示すブロックです。点が並んでいる形状をしているため、「点状ブロック」とも呼ばれています。これは、文字通り注意すべき位置を示すブロックです。階段前、横断歩道前、誘導ブロックが交差する分岐点、案内板の前、障害物の前、駅のホームの端等に設置されています。

ホーム縁端警告ブロック
プラットホームの線路側の縁端部を警告するために敷設するものです。プラットホーム上における、これ以外の場所には設置されません。

図表 I-7-2　エスコートゾーン

(3)疎かになりがちな情報

　同行援護従業者は、一人ひとりの視覚障害者の見え方・見えにくさを常に想定して情報提供をしなければなりません。そのうえで、どのような情報提供が必要かを判断しながら支援しなければなりません。しかし、数時間から場合によっては1日と長丁場になることも多い同行援護の活動では、その間、ひとときも緊張を途切らさずに安全確保をしながら情報提供をし続けることは容易ではありません。特に、日常的に視覚を活用し、無意識的に状況を判断し、行動している同行援護従業者は、視覚障害者にとって何が必要な情報であるかを意識し、わかりやすい言葉で、瞬時に表現できるようになるまでには、それなりの練習や努力が必要です。慣れるまでは、情報提供が疎かになりがちなので注意してください。例えば、誰かが利用者に静かに近寄ってきて、話しかけたがっている場面を想像してください。視覚活用ができる同行援護従業者には、見知らぬ誰かが利用者に近づいてきたことや利用者に声をかけたがっている様子であることがわかるわけですが、実際に利用者に声をかけたわけではないので、情報提供をすべきかどうか、また、提供するにしてもどのように説明すればよいかわからずに、戸惑ってしまう場合があり得るわけです。同行援護従業者が戸惑っていると、その間の情報は、視覚障害者に届きませんので、注意が必要です。このように、同行援護従業者が情報提供に慣れていない場合、緊張が途切れてしまったときや状況判断に戸惑っているときの情報提供が疎かになってしまう場合があります。

　会議や会合では、配付資料やスライド等に注目が集まりがちですが、誰が、誰に向かって、どんな表情で発言しているのかという情報も重要です。会議に途中から参加してきた人や中座した人に関する情報や参加者同士の無言でのジェスチャーや目配せでのやり取り等についても情報提供してください。また、発表者が機器の操作でもたついているような場合にも、状況を説明してください。

　その他、疎かになりがちな情報としては、同行援護従業者自身の状況説明があります。例えば、部屋に入ってきて、空いている席を探している際には、「この部屋は人が多くて、二人で隣り合わせに座ることができる席を探しています」というように、自分自身が何をしているのかに関する情報提供も行ってください。同行援護従業者自身が作業をしていると、つい言い忘れてしまいがちですが、「机の上に書類が配付されているので、内容を確認しています」「スライドに表示された情報をメモしています」等のように伝えてください。利用者から一時的に離れなければならない場面、例えば、資料やお弁当等を受け取りに行かなければならないような場面では、どんなに短い時間であっても利用者に説明し、確認してください。

2 利用者と同行援護従業者の間の情報ギャップ

　日常的に視覚情報を活用している同行援護従業者が、視覚障害のある利用者が必要としている情報を適切に提供することは、容易ではありません。どうしても、ギャップが生じ

てしまいます。同行援護従業者は、このギャップを深く理解し、適切な情報提供を心がける必要があります。以下に、ギャップが起こりやすい場面や状況を紹介します。

(1)安心・安全に関する情報のギャップ

　段差や接近する車の動きなどは、最優先で伝える必要のある情報です。同行援護従業者自身が危険を認識した状況での情報提供は一定レベルにおいて行われています。しかし、利用者である視覚障害者からは、情報提供の不十分さがしばしば指摘されます。「おしゃべりに夢中で階段であることを教えてもらえずに怖い思いをした」という声は少なくありません。

　同行援護従業者は、いつも通っている階段だから言わなくてもわかっているだろうという認識だったのかもしれませんし、階段ではなく、1段だけの段差だから大丈夫だろうという認識だったのかもしれません。しかし、視覚障害のある利用者にとっては、いつも通っている場所であったとしても、どこから階段が始まるのかわからないし、1段だけの段差なのか、何十段も続く階段なのか、言われなければわかりません。そのため、利用者がわかっていると思っても、また、危険ではないと思えても、情報提供をすることが重要です。

　視覚情報が確認できる同行援護従業者は、接近してくる人や車等を遠くから確認できます。そのため、ある程度、接近してきてから情報提供をすればよいと考えてしまいがちです。しかし、視覚障害のある利用者は、同行援護従業者に言われなければ、人や車等が接近していることはわかりませんので、回避するように言われた際に、驚いたり、対応が遅れたりすることがあります。子どもが走ってくること、歩きスマホの人やキャリーバッグを引いた人が向かってきていること、後ろからスピードの出ている自転車が迫ってきていること等の情報は、ギリギリではなく、余裕をもって伝える必要があります。

(2)外出の目的を達成するために必要な情報のギャップ

　外出の目的が買い物の場合、例えば、購入したい商品を見つけることが重要です。しかし、店舗が広かったり、陳列の方法が複雑だったりすると、商品を探すために時間がかかることがあります。視覚障害のある利用者のなかには、見えているのに、なぜ、探すのにそんなに時間がかかるのか疑問や不満を感じる人もいます。また、資料を代読する際に、漢字の読み方を間違えたり、読み上げるのに時間がかかったりすることに不満をもたれたり、代筆の際に、漢字を正しく書くことができなかったり、思い出せなかったりしてクレームを受けることもあります。同行援護従業者は、視覚障害のある利用者の目の代わりをするわけですが、単に見えていれば、役割を果たせるわけではありません。利用者の目的を達成するためには、さまざまな経験や基礎知識が必要ですし、事前に調べたり、スマートフォンのアプリを利用して調べたり、他の人（店員など）の力も借りることが重要です。

(3)状況把握のための情報のギャップ

　日常生活、社会生活のなかでは、刻一刻、状況が変化します。例えば、通勤時間にバス停で、バスを待っている場面を想定してください。バス停には、さまざまな行き先のバスが到着します。交通渋滞のため、遅れるバスもあれば、時間よりも早くに到着するバスも

あります。バスが停車する位置も毎回同じではありませんし、バスの種類も異なります。バスを待つ人の列も変化しますし、バスによって、混雑状況も異なります。バスによって席や手すりの位置も同じではありませんし、空いている席や立っていることができる場所は、目まぐるしく変化します。バスが混んできたので、少し詰めたり、リュックサックが他の人の邪魔になっているようだから、背中から降ろして手に持ったり、高齢者が乗車してきたので、席を譲る等、刻一刻、状況は変化します。

　視覚情報が活用できれば、このような刻一刻の変化する状況を一瞬の内に把握し、適切な対応をとることができます。しかし、視覚情報が不足すると、状況の把握ができずに不安になったり、行動に手間取ったり、相手と噛み合わない行動をとってしまったりします。同行援護従業者は、これらの状況を把握するために必要不可欠な情報を、利用者に迅速かつ正確に提供する必要があるのですが、なかなか、うまく伝えられないようです。

　視覚活用が可能な同行援護従業者は、普段、視覚情報を無意識に利用しているため、どれが大切な情報なのかをうまく伝えられないことが少なくありません。また、状況は刻々と変化するため、膨大な情報量になります。そのなかから、瞬時に伝えるべき情報を選択し、表現できるようにするためには、トレーニングが必要です。ぜひ、普段の生活のなかで、視覚から得られている情報を意識し、言葉で表現する練習を行うように心がけましょう。

　その他、エレベーターを待っている場面では、今、何階を通過中で、どの程度で到着するのかを伝えてほしいとか、初対面の人とのあいさつでは、手渡された名刺を読み上げるだけでなく、身長や顔の印象等も伝えてほしいと思っている利用者は少なくありません。

　また、レジで並んでいる場面では、前に並んでいる人の人数だけでなく、自分たちの後ろにいる人の情報も教えてほしい（支払いに手間取って後ろの人を待たせることに気を使うことがあるため）と思っている利用者もいます。

　ほかにも、待合室の中の様子、乗れなかったエレベーターは上がったのか下がったのか、すぐ来るのか、しばらく待つ必要があるのか、エレベーター内に他の利用者がいるのか、店内の様子、到着したバスの混み具合、人の体形、街並みの様子等の情報が状況把握には必要です。

(4) 豊かさにつながる情報のギャップ

　外出には、さまざまな役割があります。買い物や通院等のように目的を達成するためだけでなく、散歩のように外出すること自体を楽しむ場合もあります。また、目的地までの移動のプロセスを楽しんだり、移動中に遭遇する予期していなかった出来事や気持ちの変化を楽しむ場合もあります。

　例えば、購入したい商品を入手したいだけであれば、外出せずに、インターネットやカタログ等で注文すればよいわけです。買い物に行く楽しみは、目的のお店に移動する最中に、草花の変化に季節を感じたり、すれ違う人々のファッションに注目したり、新しく開店するお店やセンスのよさそうなお店にワクワクしたり、新商品や特売品を探したりすることにあります。

　電車や車が好きな人にとっては、移動中に、新しく導入された車両や珍しい車を発見することが楽しみですし、仲間との話題づくりにもなります。

このように外出先や移動中に遭遇するさまざまな情報が、人生を豊かにしてくれているわけです。そのため、同行援護従業者は、利用者である視覚障害者の人生を豊かにしてくれるこれらの情報を提供する必要があります。しかし、利用者の興味・関心によって、知りたい情報には違いがあるため、利用者と同行援護従業者の間でギャップが生じてしまいがちなので、注意が必要です。

3 場面別情報提供の実際

情報提供の方法や留意点等は、場面ごとに異なります。ここでは、留意する必要な場面を取り上げ、具体的な情報提供の方法等を紹介します。

(1) 道路

道路を歩いているときは、交通事故の危険性を常に念頭に置いておかなければなりません。自動車、バイク、自転車、歩行者などに十分気をつけていても、第三者の不注意で事故に巻き込まれてしまうこともあります。そのため、同行援護従業者は、常に、前後左右、広範囲にわたって注意をしなければなりません。危険を察知したときは、何をさておいても危険情報の提供を行い、危険を回避するために歩くのをやめて道路わきに避けるなどしなければなりません。

① 路面の変化

平らな舗装路を歩いていければ安全ですが、実際にはさまざまな路面があり、歩きにくかったり、洋服を汚してしまったり、転倒等の危険につながる場合もあります。そのため、路面の状況を適切に説明してください。例えば、アスファルト舗装がされていても凹凸、くぼみ、ひび割れ、段差等がある道がありますし、舗装されていない、土の道、砂利道、草が生えている道もあります。また、路面が滑りやすかったり、水たまりがあったり、弱視（ロービジョン）の人が錯覚を起こしてしまいそうな路上ペインティングがあったりする道もあります。さらに、路面に誘導ブロック、マンホール、グレーチング、側溝のふたがある場合もあります。これらの情報は、事前に説明し、危険な場合には、回避してください。

図表 I-7-3　グレーチング

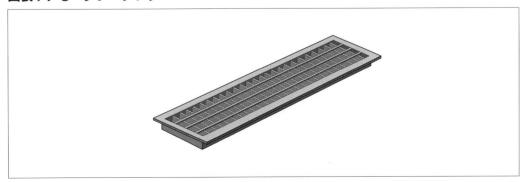

② 階段、スロープ、進路上に障害物があるとき

　階段、スロープ、進路上に障害物があるときには、早めに情報提供をしてください。直前で知らされると驚いたり、慌てたりして転倒や思わぬけがをしてしまうことになります。具体的には、「5m先に下り階段があります」「1m先に登りスロープがあります」「放置自転車が並んでいて歩道が狭くなっています」等のように、事前に情報提供をしてください。そうすれば、心の準備ができますし、近づいた際に、身体の動かし方のイメージができやすくなります。

　障害物のなかには、通路にせり出した木の枝、看板、大型車両のサイドミラー、鴨居等のように高い位置にあって、利用者の顔や頭にぶつかる可能性があるものもあります。これらの障害物は、同行援護従業者も気づかないことがありますので、特に注意してください。そして、「1m先に木の枝があります。上体を下げてください」というような言葉がけをしたうえで、実際に障害物に触れて確認してもらうことで上手に避けることができるようになります。

(2) 交通機関

① 鉄道の場合

　鉄道駅では、目的の電車が何番線に何時何分に入線するか、遅延情報がないかなども情報提供します。また、待ち時間が長い場合は、トイレや売店のある位置の情報も重要です。列車に乗車の際は、ホームから見える車内の混雑具合、ホームと列車の距離、ホームと列車床面の高低差等の情報は、乗車する際の安全を確保するうえで重要なので必ず伝えてください。

② バスの場合

　バス乗車時は、車内の混雑度、ステップの数、ICカードのタッチパネルの位置を伝えます。車内では、空席の有無、空席がない場合は、手すりか吊り革の位置を伝えます。車内が混んできた場合でも視覚障害者から離れないのが基本です。利用者が手すりや吊り革を持つ、ないしは座席に座ることで同行援護従業者の腕や肩から手を放した状態になるときには、同行援護従業者がどこに位置取りをしているのかを伝えます。途中で座っている視覚障害者の隣に座る場合などは、そのことを必ず伝えます。

　また、やむを得ず傍を離れる場合は、周囲の人に迷惑にならない程度のボリュームで、同行援護従業者が視覚障害者に時折声をかけて、視覚障害者が同行援護従業者の位置を把握できるようにしなければなりません。

(3) 医療機関

　問診票を代筆するときは、個人情報記載の資料を見て書き写す場合などに、周囲の人に見聞きされない工夫が必要です。医療スタッフが薬や症状の説明をするときに、とかく視覚障害者ではなく同行援護従業者に対して説明をしがちです。

そこで同行援護従業者は、医療スタッフが説明しようと視線を合わせることがあれば、「説明してくださいますよ」と視覚障害者に伝える等、視覚障害者が説明の受け手となるよう配慮が必要です。また、待っている人の数や待合室の様子、周囲の人はマスクをしているのか、対応した医師やスタッフの名前等も可能な限り伝えてください。また、診察室への入室の際は利用者の意向を確認してください。

(4)行政機関

申請書等を書くときは、なるべく行政機関の職員に書いてもらってください。やむを得ず代筆する場合は、個人情報の取り扱いに注意してください。特に、周囲の人に見られたり、聞かれたりしないようにしてください。また、窓口で、後で読んでおいてほしいと書類等を渡されることがありますが、できるだけその場で説明してもらうよう促してください。書類の量が多く、すべての説明が難しいといわれた場合でも、趣旨やポイントは伝えてもらうようにしてください。なお、窓口で対応している職員の名前が名札等でわかる場合は、利用者に伝えてください。

(5)買い物

商品の価格、サイズ、色等の商品情報は必ず提供してください。さらに、詳しい説明が必要な場合は店員を探したり、店内に掲示されているバーゲン情報の提供をすることも大切です。食品の場合には、鮮度、産地、賞味期限、消費期限等の情報を提供してください。また、大きさや量については体感してもらうことが最もわかりやすいので、許される範囲で触れてもらうようにしてください。レジの混み具合や列の前後の様子なども情報提供してください。なお、店員が同行援護従業者に語りかけたり、ジェスチャー等で合図をされたりした場合、自分は同行援護従業者であることを伝え、利用者である視覚障害者とやりとりをしてもらってください。

(6)外食

入店する前に、お店の様子や混み具合等を伝えてください。入店したら、空いている席を説明したうえで、利用者と一緒に着席します。その後、店内のレイアウトや様子などを説明してください。なお、着席前に店内の様子を細かに説明することは避けてください。メニューの数が多い場合は、カテゴリーの種類を伝え、視覚障害者の意向に沿って必要な部分の読み上げをします。注文の品が届いたら配膳の説明を行います。わさびやしょうが等の薬味、ソースや醤油等の添付用調味料容器、食材を仕切るためのバラン等が添えられている場合には、利用者に伝え、どうすればよいか指示を受けてください。また、テーブルの上に調味料や紅しょうが等が入った共用容器等がある場合にも、必ず、伝えてください。

(7)トイレ

トイレの誘導方法については、第10章の「誘導の応用技術」で紹介しますが、まず、利用しようとしている公共のトイレの場合、最初に清潔か否かを説明してください。触っ

て確認しなければならないことがあるため、清潔ではない場合には、別のトイレを探してほしいという指示を受ける場合があります。また、トイレには、男性用と女性用が分かれているタイプ以外に、男女共用トイレ（「ジェンダーフリートイレ」や「オールジェンダートイレ」等と呼ばれることもあります）、バリアフリートイレ（「だれでもトイレ」や「多機能トイレ」等と呼ばれることもありますが、現在は「バリアフリートイレ」と表記されるようになっています）等がありますので、利用する前にどのタイプかを説明してください。それから、男性用小便器と個室の区別以外に、洋式と和式の別、温水洗浄便座の有無等があります。加えて、洗浄の際の操作方法も違いますし、ペーパーホルダー、流すボタン、非常呼出しボタンの配置（JISやISOで規格化されていますが、守られていないトイレもあります）もさまざまです。手洗い場の位置も大切な情報ですし、自動水栓・手動水栓、乾かすためのハンドドライヤー等の設備品の操作方法についても伝える必要があります。

(8) 会議や集会

　会場の広さ、議長や座長の位置、自席の位置、配布物等を伝えてください。会議に参加している人物に関する情報提供も重要です。席次表がある場合には、参加者の名前や所属と座っている場所を伝えてください。席次表がない場合にも、知り合いの有無については、情報提供してください。また、視覚障害者は、議長や発言者の方向を向くために、声のする方向を手がかりにしています。しかし、会場が広く、スピーカーが設置してあるような場合には、音源のあるスピーカーのほうを向いてしまいます。そのため、議長が座っている正面の位置を伝えてください。

(9) 映画館、劇場、美術館、博物館での鑑賞

　2018（平成30）年に「障害者による文化芸術活動の推進に関する法律」が成立し、障害の有無にかかわらず、文化芸術を鑑賞・参加・創造することができるよう、障害者による文化芸術活動を幅広く推進することになりました。この法律により、施設のバリアフリー化や音声ガイドによる説明の提供等が行われるようになってきつつあります。また、最近では、副音声をスマートフォン等で利用するためのアプリも登場してきました。しかし、これらのサービスは、すべての映画館、劇場、美術館、博物館で提供されているわけではありませんので、情報提供が必要になる場合があります。

(10) スポーツ観戦

　東京2020オリンピック・パラリンピックが開催され、スポーツへの参加・観戦に関する関心が高まってきています。東京2020オリンピック・パラリンピックの際に、競技場のバリアフリー化が推進されましたが、観戦エリアへの点字ブロックの敷設状況等を考えると、視覚障害者に対する配慮は十分とはいえない状況です。そのため、同行援護従業者による情報提供は極めて重要です。自分の席の位置、売店やトイレとの位置関係、観客の入り具合等を説明したうえで、可能な限り試合の状況を伝えてください。なお、試合の状況を説明するためには、事前にそのスポーツのルール等に関する情報を調べておくとよい

と思います。

4　情報提供時の留意点

(1) 視覚障害者が主役

　同行援護従業者のなかには、視覚障害者の代理人・代弁者と勘違いをしてしまっている人がいますが、あくまでも情報提供者であり、主役は視覚障害者であるということを自覚しなければなりません。

　事業所には、同行援護従業者が役割を勘違いしてしまって困っているという苦情が届くことが少なくありません。以下に、よくある苦情を示します。

- 車内で席を譲られたとき、同行援護従業者に「座ってください」と言われた（座りたくない場合もある）。
- 医療機関のスタッフから受診目的を尋ねられたところ、同行援護従業者が「昨日より腹痛がある」と答えた（本人が説明することが大切）。
- スーパーで商品選びの折に、同行援護従業者が「こっちのほうが安いのでこっちにしたらいい」と言いながら選んだ商品をカゴに入れた（安さだけが商品の選択ポイントとは限らない）。
- 弁当の説明を受けていたら最後に、「バランは取って、フライにはソースをかけておきました」と言われた（自分でできることはしたい、他の人にあまり弁当に触れてほしくない、などの考えもある）。
- バスの停留所で「時間があるのでごみを捨ててきます」と言って離れたがいつまでも戻ってこない。乗ろうとしているバスが来たら「バスが来ました」と声をかけられた。いないと思っていた同行援護従業者から声をかけられ驚いた（同行援護従業者自身の情報を視覚障害者に伝えなかったために状況把握ができない）。

　これらの事例は、いずれも視覚障害者の意向を聞かずに、同行援護従業者が自分の判断で、誘導したり、行動をしたりしてしまっている点に問題があります。

(2) 安全を守るための情報が最優先

　同行援護従業者は、いかなるときにも視覚障害者の安全確保を念頭において業務にあたらなければなりません。会話が弾んでいても危険を察知したときには、会話を中断して、危険な状況にあることを情報提供することが必要不可欠です。また、緊急性が低いと判断できる場合でも、危険な状況であることを察知した場合には、すぐに情報提供してください。特に、同行援護中に利用者側に発生する状況の変化を察知した場合は、速やかに情報提供します。

(3) 身体の動きで情報を提供する際の留意点

　視覚障害者は同行援護従業者の肘や肩に触れることで、段差や進行方向の転換等に関す

る情報を把握しています。そのため、段差や階段のない場所で突然、停止したり、階段でもない場所で肘や肩を不用意に上下させたり、回転させたりすると、混乱を招くことになります。

場合によっては、バランスを崩して、危険な状況になることもあり得ます。利用者が同行援護従業者の動きにも注目していることを自覚し、特に、身体や肘の動きで状況判断に誤解を生じないように、細心の注意をしてください。

(4) 周囲への配慮

視覚障害者も普通の市民生活を送っていますから、情報提供の際には、周囲への配慮も必要です。特に、情報提供する際の声の大きさや説明をする場所をわきまえる等の配慮を忘れないようにしてください。

(5) 視覚障害者が同行援護の時間を楽しめるようにする

人を支援する業務は、相手を受け入れ、お互いに豊かになることが最終目標です。そのためには、多くの人とコミュニケーションを取り、理解し合えることが重要です。コミュニケーションをスムーズにするためには、常に、表現力を養い、ボキャブラリーを豊富にし、あらゆるセンスを磨き、興味や教養を広げ、深めることが大切です。視覚障害者は、同行援護従業者を自分の眼の代わりとして頼りにしています。

例えば、自分では確認することが困難な色彩について、より詳しく説明してほしいと思っている人たちも少なくありません。空の色一つをとっても、単に「青空」と表現するのと、「真夏の青空のような深く濃い紺碧の青空」と表現するのとでは、随分、印象が異なります。表現の豊かさが、外出の楽しさを演出してくれます。ぜひ、利用者が外出を楽しめるような説明ができるように心がけてください。

5 まとめ

- 視覚障害者への情報支援や情報提供の意義について解説しました。また、言葉による情報提供、体感を活用した情報提供、疎かになりがちな情報について紹介しました。
- 視覚障害のある利用者と視覚情報を活用できる同行援護従業者の間で生じる可能性の高いギャップについて解説しました。安心・安全に関する情報提供、外出の目的を達成するために必要な情報提供、状況把握のための情報提供、豊かさにつながる情報提供で生じるギャップと原因と対処方法について紹介しました。
- 日常生活、社会生活のさまざまな場面を想定し、どのように情報提供をすべきかについて解説しました。道路、交通機関、医療機関、役所、買い物、外食、トイレ、会議や集会、映画館・劇場・美術館・博物館の鑑賞、スポーツ観戦を取り上げ、具体的な情報提供の方法等を紹介しました。
- 情報提供時の留意点について解説しました。また、利用者から指摘されることの多いクレームを紹介しました。

第8章 代筆・代読

本章の目的　同行援護従業者の役割である外出先での代筆・代読について理解します。また、業務における代筆、代筆の範囲・基本的な方法、留意点・代筆できないものを理解します。さらに、実際の場面別に、代筆・代読の方法を習得するための実習を行います。

第1節　代筆・代読　基礎編

【本節の内容】
- 業務における代筆、代筆の範囲・基本的な方法、留意点・代筆できないもの
- 業務における代読、代読の範囲・基本的な方法、留意点
- 演習（代筆1題・代読1題）

1　同行援護における代筆・代読の重要性と位置づけ

(1) 視覚障害者の読み書きに関する困りごと

　視覚障害者にとって読み書きは、移動と同様、最も困難な活動の一つです。日本視覚障害者団体連合が2018（平成30）年度障害者総合福祉推進事業として実施した調査では、読み書きに関する困りごととして、以下のような具体例が示されています。

- 自宅に届いた郵便物を確認できない。また、書類に記入して返信しなければならない場合、その記入ができない。
- 請求書、領収証、レシートを確認できない。生活を営むうえで金銭の管理は不可欠。レシートが割引券を兼ねている場合があるがわからない。
- 回覧板を読むことができない。
- 広告の特売品を知りたいがチラシなどが読めない。
- イベントや催し物の内容がわからないので申し込めない。
- 薬や家電製品等の説明書および注意書きが読めない。
- 子どもが通う保育園や学校からの便りやお知らせが読めない。書類に記入して返す必要があっても対応できない。
- 健康診断や病院受診の際の問診票が書けない。

- 年末調整や確定申告等の税金にまつわる書類を書けない。
- アンケートに回答したいと思ってもその読み書きができない。
- たまった書類の仕分け（要るものと不要なものの整理）ができない。

　また、弱視（ロービジョン）の人に特有の困りごととして、以下のような例が示されています。

- 一般的に普及している大きさの文字を読むことができない。
- 拡大読書器やルーペを使用しても文章の全体把握が困難。時間もかかる。
- 拡大読書器やルーペを使用して読むことは疲れる。
- 各種の契約書類を自筆で書くことが困難。記入欄の罫線や枠が見にくいなど、どこに記入したらよいかわからない。

　このように、全く見えない状態（全盲）であるか、弱視（ロービジョン）であるかにかかわらず、視覚障害者は読み書きに困難を感じており、そのために日々の生活で苦労しています。

(2) 視覚障害者にとっての代筆・代読の意義・必要性

　読み書きに関する困りごとを解決するための代筆・代読支援は、視覚障害者の日常生活や社会参加にとって極めて重要です。社会福祉法人日本視覚障害者団体連合の「視覚障害者向け代筆・代読支援ガイドライン」には、代筆・代読支援の意義・必要性が以下のように記載されています。

　「日常生活や社会参加のためにはさまざまな意思決定が必要になります。そのためには必要と思われる情報を取得し、それを取捨選択しなければなりません。しかし、多くの情報が視覚的に得られるようになっているため、視覚障害者には大きなハンディキャップがあります。また、自らの意思決定を表示するためには書類等に記入する機会も多くありますが、これにも困難が伴います。つまり、視覚障害者の日常生活や社会参加にとって代筆・代読支援はとても重要な要素です。
　近年は視覚障害者の読み書きを支援するICT機器やソフトウェアの開発が進んできていますが、それらを駆使したとしても、日常生活に必要なさまざまな文書を効率的に読むのは大変な作業です。また、書式が印刷された用紙に記入することも難しい作業です。代筆・代読を支援してもらえるととても助かります。
　また、晴眼者と同居している視覚障害者は、その同居者に手助けしてもらえるかもしれませんが、遠慮があったり時間が合わなかったりすることはよくあります。たとえ家族であっても、個人的な内容を知られたくないということもあります。そして、一人暮らしの視覚障害者は手助けしてもらうこと自体が思うようにできません。
　代筆・代読支援は、視覚障害者の日常生活や社会参加にとって重要な支援になっています。また、代筆・代読支援を行ううえでニーズを把握することが重要です。全盲の方だけでなく、弱視（ロービジョン）の方にとっても読み書きは大変なので、地域の視覚

> 障害者のニーズを的確に把握して、代筆・代読支援が効果的に実施されるよう、自治体において制度設計を行う必要があります。事業開始後に内容改善することも重要です。
> 　一方、代筆・代読の支援方法を理解することも大切です。目の前の書類を単純に読めばよいというものではありません。必要な箇所がどこかを視覚障害者が判断できるようにするには工夫が必要です。代筆のときも、黙って書き込んだのでは視覚障害者が不安に感じます。何を書き込むかを説明しながら進める必要があります。また、代筆・代読支援でできること・できないことを視覚障害者と支援者の双方が知っておく必要もあります。

　「視覚障害者への代筆・代読支援」というリーフレットが、日本視覚障害者団体連合から発行され、ホームページで公開されています。このリーフレットは、厚生労働省令和4年度障害者総合福祉推進事業の「視覚障害者の代筆・代読の効果的な支援方法に関する調査研究」の結果に基づいて作成されたものです。

(3) 代筆・代読支援の制度上の位置づけ

　代筆・代読支援は、制度上、意思疎通支援と呼ばれています。意思疎通支援については、国際法である障害者権利条約のなかにも明記してありますし、国内法では、「障害者の日常生活及び社会生活を総合的に支援するための法律」（障害者総合支援法）や「障害者による情報の取得及び利用並びに意思疎通に係る施策の推進に関する法律」（障害者情報アクセシビリティ・コミュニケーション施策推進法）に規定されています。そして、制度上、代筆・代読支援は、障害者総合支援法に基づく以下のサービスとして実施することが可能になっています。

① 　意思疎通支援事業（地域生活支援事業）
② 　居宅介護事業（個別給付事業）
③ 　同行援護事業（個別給付事業）

　同行援護事業での代筆・代読は、外出先で行う読み書きの支援です。同行援護のサービス内容のなかには「移動時及びそれに伴う外出先において必要な視覚的情報の支援（代筆・代読を含む）」として位置づけられています。なお、外出せずに、居宅内で代筆・代読支援を受けたい場合には、居宅介護事業や意思疎通支援事業を利用する必要があります。

(4) 代筆・代読支援の留意点

　「視覚障害者向け代筆・代読支援ガイドライン」では、代筆・代読支援の際の留意点として、以下の項目をあげています。

① 　視覚障害についての理解

　視覚障害というと全く見えない状態（全盲）をイメージしがちかもしれませんが、弱視（ロービジョン）の状態の人も多くいます。見え方もさまざまです。光の認識も難しい、明るいか暗いかがわかる、目の前の手の動きや指の数がわかる、拡大すれば墨字（点字ではない一般の文字）を読める、視野が狭く見たいものを見ることができない、色の識別が

難しい等々。見え方によって効果的な対応方法が違ってきます。音声で伝えることが中心になりますが、弱視（ロービジョン）の人には大きな文字でメモを書いて示すことが有効な場合もあります。また、デジタル化に伴うオンラインの手続きを支援するためには、パソコンやスマートフォンの基礎知識に加えて、視覚障害者のICT活用に関する基本的な知識・理解が必要になります。

② 自己決定の尊重

代読の際は、何を読むか、どの部分を読むかを障害者本人に確認して判断してもらうようにします。代筆にあたっては、障害者本人が自署を希望する場合があるので意向を確かめたうえで行います。自署できるかどうかは、見え方だけに左右されるものではありません。全盲の人でも署名欄がわかれば自署できる場合がありますし、弱視（ロービジョン）の人でも自署が難しい場合があります。

③ 個人情報の取扱い

代筆・代読支援では個人情報を扱うことが少なくありません。知り得た個人情報を他の人に伝えることがあってはなりません。守秘義務を厳守します。個人情報は、氏名・性別・生年月日・住所・年齢・職業・続柄等のほか、個人の身体・財産・職種・肩書き等の属性に関する判断や評価を表すすべての情報をいいます。また、代筆の際に必要となる個人情報は、本人に提供してもらうようにします。家族等から情報を提供してもらう必要がある場合でも、本人の意向を確認したうえで行います。

④ 福祉制度などやその手続きに関する基礎的理解

役所から送られてくる書類を適切に伝え、また、必要に応じて代筆する場合、その内容を理解しているかどうかは、無駄なく支援できるかどうかに大きくかかわってきます。内容を理解できれば、そのあらましを説明して障害者本人が読むべき箇所を判断する手助けができますが、内容がわからないまま読もうとすると、単純に冒頭から読み進めようとしがちで時間がかかってしまいます。その意味で、年金や福祉サービスに関する基礎的な知識、あるいは医療や税金などについても常識的な範囲の知識をもっておくことが大事です。

2　代筆支援のポイント

(1) 代筆とは

代筆とは、本人に代わって書くことであり、視覚障害者の代筆支援とは、視覚障害者本人の意思に基づき、本人に代わって書くことを指します。本人の意思に基づいて、代筆するわけですから、指示に従い、正確に書くことが重要です。決して、同行援護従業者の意思を持ち込んではいけません。また、代筆は、同行援護事業に位置づけられていますので、いつ依頼されても対応できるように、あらかじめ準備をしておくように心がけてください。

なお、字が汚いとか、漢字を書くのが苦手等の個人的な理由で代筆の依頼を断ってはいけません。

(2) 代筆と代理の違い

代筆は代わりに書くだけです。一方、代理は、本人に代わって別の者が意思表示をし、その効果を本人に帰属させることです。例えば、18歳未満の未成年者がスマートフォンの契約を行う際に親権者が契約書にサインをするような場合が代理に相当します。民法では、未成年者が契約をする場合には、原則として、法定代理人の同意を得なければならないことになっています。そのため、子ども自身が契約することができないので、子どもに代わって法定代理人である親が契約の意思を表明し、子どもがスマートフォンを利用できるようにすることが代理です。代筆行為は、本人の承諾があれば行うことができますが、代理行為は、法律行為であるため、法律や契約等で定められた代理人にしかできません。同行援護従業者は、代筆行為はできますが、代理行為をすることはできませんので、注意してください。なお、本人が同意していないにもかかわらず代筆した場合には、文書偽造に相当します。

(3) 代筆行為が許可される場合と許可されない場合

本人が成年の場合、基本的に、本人の意思に基づき、代筆することは可能です。しかし、書類のなかには、自署によるサインが必要なものや原則として代筆を禁止しているものがあります。一般的に、手術の同意書や不動産取引等、利用者の生命・財産にかかわる場合は代筆ができません。なお、他の箇所は代筆が許されているけれども、サインだけは自署でなければならない場合があります。そのような場合には、サインガイドを利用することが可能です。

図表 I-8-1　サインガイド

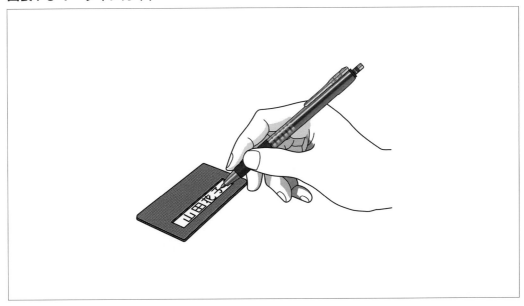

(4) 合理的配慮として代筆をお願いする場合

　2024（令和6）年4月1日に障害者差別解消法が改正され、すべての事業者に合理的配慮の提供が義務化されました。そのため、事業者に対して、合理的配慮として代筆を依頼しやすくなりました。内閣府の「障害者差別解消法に基づく基本方針の改定」に関するホームページにも、「代筆に問題がない書類の場合は、障害者の意思を十分に確認しながら代筆するのは、合理的配慮に含まれます」と記されています。そのため、利用者が、同行援護従業者ではなく、直接、事業者に合理的配慮として代筆を依頼する場合もあります。なお、金融庁は、金融機関の職員による代筆を推進するための取り組みを行っています。

(5) 代筆の際の心構え

①　指示に従う

　代筆は、本人の意思に基づいて、代わりに書く行為です。必ず、本人の指示に従って書いてください。本人が指示しやすくするためには、記入すべき内容がわかるように、読み上げることが大切です。

②　正確さ

　記入すべき項目等を正確に読み上げたうえで、指示どおり正確に代筆することが大切です。誤字、脱字がないように細心の注意を払ってください。どうしてもわからない漢字等がある場合には、スマートフォン等の辞書機能を活用することも効果的です。決して、知ったかぶりをして、十分に確認しなかったり、聞き直すことが恥ずかしくてわかったふりをしたりしないようにしてください。複雑な書類等を記入する際には、下書きをすることも効果的です。なお、氏名や住所等を記入する際には、障害者手帳等を参考にさせてもらえると正確に記入することが可能です。

③　確認

　書類等を記入した後には、記入漏れがないかどうかを確かめつつ、必ず、記入した内容を本人に説明し、確認してもらってください。提出する書類の場合、コピーをしたり、下書きを残しておいたりする必要があるかどうかについても、本人に確認してください。手紙等を投函する際には、書面だけでなく、封筒の表書き・裏書きの書き方についても確認してください。

④　作業状況のフィードバック

　代筆には、時間がかかりますし、正確に代筆するためには、作業に集中しなければなりません。しかし、黙って作業をしていると、視覚障害者には、今、何をしているのか状況がわかりませんし、また、代筆が終わるまでにどのくらい時間がかかりそうなのか見通しがつきません。そのため、どんな作業を行っているか、進捗状況を説明しながら、作業を進めてください。

⑤ 準備すべき物品

　代筆には、筆記用具が必要ですが、場所によっては筆記用具が用意されていなかったり、書類等の種類によって筆記用具が指定されている場合があります。そこで、筆記用具として、鉛筆やボールペンは必ず用意しておきましょう。また、書き損じた際の修正用に、修正液、修正ペン、消しゴムも用意しておきましょう。最近では、こすると消えるフリクションタイプのボールペンもあります。冠婚葬祭の場合には、筆ペンも用意しておく必要があります。下書き用のメモ用紙、定規、スケール、辞書やスマートフォンに入っているアプリなども役立ちます。なお、眼鏡やコンタクトレンズが必要な場合には、必ず、忘れないようにしてください。通常は、視覚障害者本人が用意していると思いますが、サインガイドも用意しておくと役立ちます。

⑥ 個人情報の保護

　代筆の際には、必ず、利用者とやりとりをすることになります。書類等を広げて、言葉でのやりとりをするわけですが、書類等を見られたり、声を聞かれたりする危険性があるため、個人情報保護の観点からの注意が必要です。個人情報とは、個人に関する情報で、氏名、生年月日、住所、顔写真等により特定の個人を識別できる情報をいいます。また、障害に関する情報は、要配慮個人情報と呼ばれ、特に、取り扱いに配慮が必要だとされている個人情報です。

(6) 代筆の流れ

　一般的に代筆は以下の流れにしたがって、実施します。なお、場面別の代筆方法については、次節で紹介します。

① 代筆に入る前に、同行援護従業者は何の書類なのかを伝えて、書く必要があるものなのか、ないものなのかを確認します。
② 書く必要があると判断された場合、書類等の全体に目を通して書き方や留意事項、自署欄の有無等を伝えて、同行援護従業者が代筆するかどうかを確認します。
③ 代筆の必要がある場合は、はじめに項目をざっと伝えます。
④ どこを書いているか経過を伝えながら、楷書で丁寧に書いていきます。
⑤ 利用者が言うとおりに正確に書き、わからない文字は利用者に聞くか、スマートフォン等の辞書機能で確認します。
⑥ 書類などの捺印の際は、どこに何か所必要かを十分に説明し、同意を得たうえで行います。
⑦ 書き終わったら、読み上げて確認してもらいます。

3 代読支援のポイント

(1)代読とは

　代読とは、本人に代わって読み上げることであり、視覚障害者の代読支援とは、文字情報だけでなく、写真、図表、レイアウト等のすべての視覚的情報を読み上げることを指します。

(2)代読の対象

　同行援護で読み上げる必要のある対象は、多岐にわたります。移動中に見かける看板、広告、標識（案内標識、道路標識等）、貼り紙、時刻表、路線図等はもちろんのこと、移動先で食事をする際のメニュー、買い物のレシート、値段や賞味期限等の商品情報、配付された会議等の資料等も代読の対象に含まれます。また、会議等の際にスクリーンに表示されるスライド、電車やバス内に設置されたデジタルサイネージ（ディスプレイやプロジェクターなどの映像表示装置を設置して情報を発信するシステム）等も代読の対象です。もちろん、図書館や書店で読む書籍に関する情報、家電量販店等で家電を選ぶ際に参考にするパンフレットや説明書等も代読の対象です。

(3)情報アクセシビリティと代読支援

　視覚障害者が文字情報等にアクセスできるようにする方法として、点字・触図、文字や図形等の拡大、音声表示等の推進が、事前的改善措置（基礎的環境整備）として進められています。

　主として、視覚支援学校（盲学校）において点字で学習している児童生徒には点字教科書が提供されていますし、2008（平成20）年に「障害のある児童及び生徒のための教科用特定図書等の普及の促進等に関する法律」（教科書バリアフリー法）が成立し、弱視（ロービジョン）の児童生徒を対象に拡大教科書が無償で給与されるようになりました。パソコンやタブレット端末等で利用できるアクセシブルなデジタル教科書も発行されるようになってきましたし、音声教材（デイジー図書を含む）やPDF版拡大図書等のデジタル教材も提供されるようになってきました。

　教科書以外の書籍については、長年、点字図書館（視覚障害情報提供施設）が点字図書、録音図書、触る絵本、拡大写本等のアクセシブルな書籍を提供してきました。さまざまな情報を点字、音声データなどで提供する「サピエ」というネットワークがあり、「サピエ図書館」という点字図書や録音図書等を集めた全国最大の書誌データベースもあります。2019（令和元）年に「視覚障害者等の読書環境の整備の推進に関する法律」（読書バリアフリー法）が成立し、通常の書籍を借りる自由、買う自由が整備されつつあります。また、アクセシブルな書籍を検索することが可能な国立国会図書館の「みなサーチ」が登場し、点字、DAISY、テキストデータ、大活字本、LLブック、電子書籍、バリアフリー映像資料等、いろいろな種類の資料を検索できるようになっています。

社会、経済、文化等あらゆる分野の活動に参加するためには、書籍以外の情報のアクセシビリティを向上させることやコミュニケーションの手段を充実させることは極めて重要です。この目的を推進するために、2022（令和4）年に、「障害者による情報の取得及び利用並びに意思疎通に係る施策の推進に関する法律」（障害者情報アクセシビリティ・コミュニケーション施策推進法）が成立しました。障害者による情報の取得および利用ならびに意思疎通に関する施策が総合的に推進されるようになりました。

　以上のように文字情報等へのアクセシビリティを推進する取り組みは推進されています。しかし、視覚障害者がアクセスできない情報は、数多くあるため、代読のニーズは少なくありません。また、代筆をする際には、必ず、代読が必要になります。

(4) ICT機器の進歩と代読支援

　近年、テクノロジーの進歩が著しく、デジタル化が急速に進んでいます。デジタル庁も設立され、デジタル社会形成の司令塔としての役割を果たしています。スマートフォン一つで、さまざまな情報を入手したり、サービスを受けることができるようになってきました。「生成AI（人工知能）」という言葉が、2023（令和5）年を代表する流行語に選ばれるほどです。視覚障害者のためのテクノロジーも進歩してきていて、スマートフォンやタブレット端末やパソコンの画面を読み上げたり（点字ピンディスプレイという装置に表示することも可能です）、マウスを使わずにキーボードだけで操作したり、声で指示するだけで操作したり、拡大したり、配色を変更したりすることができるようになってきました。また、音声認識・音声操作が可能なAIアシスタントを搭載しているスマートスピーカーを使えば、話しかけるだけで、ニュースや天気予報を聞いたり、本を読んだり、音楽を楽しんだり、家電を操作したりすることもできるようになってきています。

　しかし、すべての情報がスクリーンリーダーと呼ばれるパソコン等の画面を読み上げるアプリやスマートスピーカーに対応しているわけではありません。また、スマートフォン等のアプリのなかには、読み上げや拡大等の視覚障害者がアクセスするために必要な機能に対応していないものもあります。そのため、ICT機器が進歩しても、代読は必要不可欠です。

(5) 代読の際の心構え

① ニーズを聞く

　何を代読するかについては、本人の意向を必ず聞いてください。例えば、会議で点字と墨字（通常の文字）の資料が配付されていても、墨字の資料を代読してほしいという希望がでることがあります。すべての視覚障害者が実用的な速度で点字を読めるわけではありませんし、点字と墨字が完全に同じとは限らないので、墨字の資料の内容も知りたいという人もいます。また、弱視（ロービジョン）で、文字が読めないわけではないが、疲れる等の理由で代読を希望する場合もあります。

② 正確さ

　漢字を正しく読むことはもちろんのこと、図表や写真等についても相手に内容が正しく伝わるように代読してください。文字情報だけでなく、レイアウト、太字や下線での強調、色、フォント等も正確に伝えてください。漢字や記号等の読みについては、スマートフォン等の辞書機能やWEBサイトを活用すると効果的です。

③ 文章構造に基づいた代読

　文章の読み方には、さまざまな方法があります。冒頭から順番に読み上げていく方法もあれば、最初に全体像（全体で何ページあるのかを伝えたうえで、目次の大項目から順に読み上げる）を伝えたうえで、読み上げる方法もありますので、利用者に希望を聞くようにしてください。一般的に、冒頭から順番に読み上げるよりも、目次や見出し等を使って全体像を伝えたうえで、どの箇所から読み上げればよいか、利用者本人に確認しながら読み進めることが効果的だといわれています。このような方法を使えば、定型的なあいさつ等を飛ばして、目的の箇所を効果的に読むことが可能になります。なお、利用者によって、また、内容によって、適した読み上げ方がありますので、必ず、利用者本人に確認してください。

　長い文章のなかから、目的の箇所を探したい場合には、索引を活用する方法や大項目から小項目へ絞り込んでいく方法が効果的です。なお、電子データがある場合には、キーワード検索が効果的です。

④ 写真や図表等の読み上げ

　最近の資料やスライド等には、イラスト、写真、図表等の視覚的情報が多用されています。文章ではなく、ビジュアルな表現で内容を伝えようとする資料等も少なくありません。そのため、日頃から、作者がイラスト等を通して伝えたい情報を言葉で表現できるように練習しておくことが重要です。また、色を表現する際には、具体物を例示しながら、「リンゴやトマトのような赤色」と表現するとイメージがつかみやすくなります。補色等の色彩理論に基づいた論理的な説明が有効な場合もあります。

⑤ 作業状況のフィードバック

　代読の際には、事前に漢字の読み方を調べたり、文章の構造を理解したりする時間が必要な場合があります。しかし、黙って作業をしていると、視覚障害者には、今、何をしているのか状況がわかりません。そこで、準備作業をしている場合には、どんな作業を行っているか等の進捗状況を説明しながら、作業を進めてください。

⑥ 発音や声の大きさ

　読み上げる際には、ハッキリと伝わりやすい発声をすることが重要です。また、イントネーションや方言にも気をつけてください。声の大きさは、利用者には聞こえるけれども、他の人たちには聞こえないことが理想です。

⑦ 準備すべき物品

　代読で、漢字、記号、イントネーション等を正確に読み上げるためには、辞書（電子版を含む）やWEBサイトの検索が必要不可欠です。漢字等の読み方をメモするための筆記用具やメモ用紙も重要です。

(6) 代読の流れ

　一般的に代読は以下の流れにしたがって、実施します。なお、場面別の代読方法については、次節で紹介します。

① 代読に入る前には、同行援護従業者は何が書かれているものなのか伝えて、代読の必要があるのかないのかを確認します。
② 代読を希望された場合は、書類等の全体に目を通して、表題やどのくらいのページ数や行数等が書かれているか等を伝えます。書類なら重さや厚さ、大きさ等で情報の分量を推察できることがありますから、読む前に利用者に触ってもらうこともあります。
③ その後、どの程度詳しく読むか等、視覚障害者の意見を聞いてから読み始めます。
　基本はタイトルなどの大枠を伝えてから、どこを中心にとか、どこは読まなくてよいのか等を聞きます。
　書類等の読み上げは正確な情報を伝えることなので、指示がない限り省略しません。
④ 文字の大きさや色が異なるような強調されている部分があれば、それも伝えます。
⑤ 固有名詞等わからない文字は、文字を説明し、読み方を利用者に聞くこともあります。

4　まとめ

- 同行援護における代筆・代読の重要性と位置づけについて解説しました。視覚障害者の読み書きに関する困りごと、視覚障害者にとっての代筆・代読の意義・必要性、代筆・代読支援の制度上の位置づけ、代筆・代読支援の留意点について紹介しました。
- 代筆支援のポイントについて解説しました。代筆の定義、代筆と代理の違い、代筆行為が許可される場合と許可されない場合、合理的配慮として代筆をお願いする場合、代筆の際の心構え、代筆の流れについて紹介しました。
- 代読支援のポイントについて解説しました。代読の定義、代読の対象、情報アクセシビリティと代読支援、ICT機器の進歩と代読支援、代読の際の心構え、代読の流れについて紹介しました。

第2節 代筆・代読　実践編　免除科目

【本節の内容】代筆・代読においてのプライバシー保護や、代筆、代読を行う環境など

1　場面別の代筆・代読の実際

(1) 行政機関

　市役所等の行政機関の窓口では各種申請書類の代筆・代読が必要な業務が多くあります。実際に行政機関に出向いたり、ホームページを確認し、依頼された際、すぐに対応できるように準備してください。なお、窓口付近には記入例が置いてあったり、担当の職員を配置している場合もありますので不明な点があれば確認をしながら記入してください。

> **コラム　個人情報の記入の際の留意点**
>
> 　各種サービスを受けるための書類に記入する際には、氏名や住所等の個人情報の記入を求められることが少なくありません。まず、書類の代読を行ったうえで、記入する書類に間違いがないかどうか確認してもらいます。次に、記入が必須なのか、任意なのかを説明しながら、一項目ずつ代読していきます。氏名や住所等を記入する際には、間違えないように正確に記入することが重要です。その際、声に出して説明してもらうと他の人に大切な個人情報を聞かれてしまう可能性があることに留意する必要があります。特に、他の人がいない場所を確保することが難しいような場面では、注意が必要になります。そのような場面では、利用者に説明したうえで、身体障害者手帳や名刺等を参照させてもらう等の工夫が大切です。

(2) 金融機関

　金融機関での代筆・代読の内容は、預金に関する各種取引（新規・入金・払戻し・解約・カード発行等）、振込取引、諸届に関する各種届出書（喪失届・改印届・住所変更届）等々、多様です。最近では、ATMやスマートフォン等で手続きができるものも増えてきています。そのため、実際に金融機関に出向いたり、ホームページを確認し、依頼された際、すぐに対応できるように準備しておくことは大切です。ただし、一部代筆できない取引書類もありますので留意が必要です。紛らわしい書類の存在もありますので代筆する前に十分に確認をしましょう。

金融庁の取り組み

　金融庁は、視覚障害者団体から要請を受け、金融庁の監督指針に「障がい者等に配慮した金融サービスの提供」の項目を新設したり、視覚障害者等に配慮した取組状況についてアンケート調査を実施し、CSR（企業の社会的責任）事例を含め結果を公表しています。また、金融機関関係団体等に対して、2010（平成22）年8月26日に「視覚障がい者に配慮した取組みの積極的な推進について（要請）」を行っています。その結果、職員による代筆を内部規程に定めた金融機関の割合が向上してきています。

(3) 医療機関

　医療機関での代筆内容としては、問診票があります。問診票は本人に聞き取りながら記入します。受診理由、症状などで非常にデリケートな問題を扱うときは医療機関の職員に代筆してもらえる場合もあります。また、本人の希望なら、カルテや資料を代読することも可能です。

(4) 買い物・食事

　買い物においては、賞味期限、消費期限、価格や使用説明等を代読することが重要です。特売品などは品名・容量、値下げ額等、限定された商品や数に限りがある商品等を伝えてください。購入した物をクレジットカードで決済するときに、サインを求められる場合がありますが、クレジットのサインは代筆を認めないことが多いので留意しましょう。

　食事の場面では、飲食店のメニューの代読があります。メニューは「肉料理」「魚料理」や「麺類」「丼もの」、飲み物なら「アルコール系」「ノンアルコール系」など最初に大きなカテゴリーを読み上げて、そこから小さい分類に入っていくと理解しやすいです。価格も必ず伝えましょう。また、壁に貼ってあるおすすめメニューなども代読してください。

(5) その他

　手紙、年賀状、暑中見舞い等の郵便を出す際には、宛名等の代筆を依頼される場合があります。また、宅配便等の送り状の代筆も重要な役割です。冠婚葬祭時には、祝儀袋や香典袋等を選んだり、表や中袋等に住所や名前等を代筆したり、芳名録・芳名帳等への記帳が必要になります。さらに、アンケート用紙への記入、会議等のメモ等もあります。

2　代筆の際の一般的な留意点

① 誤字、脱字がないようにします。

② 個人情報などは正確を期すために手帳等をうつしたり、本人の名刺や保険証などを活用したりすることもあります。
③ 住所や電話番号等、プライバシーにかかわる情報が多いので、大声で確認したりして情報を周囲に知られないように注意します。
④ 書き終わったものを確認するときなども周囲に知られたくない個人情報もあるので、その場で読んでよいかどうか確認したり本人だけに聞こえるよう小声で読みます。
⑤ アンケートなどにおいてはその項目数やページ数など事前にお伝えするほうがよいでしょう。
⑥ 従業者がサインガイドを記入部分にセットしてその枠内に利用者が記入されたりすることもありますのでサインガイドをもっておくとよいでしょう。

3 代読の際の一般的な留意点

① なるべく静かな所で、利用者が内容に集中できるよう配慮し、ゆっくり・はっきり読みます。
② 代読者が勝手に解釈や感情を入れて読んではいけません。
③ 周囲に聞かれたくない個人情報もあるので、その場で読んでよいかどうか確認したり本人だけに聞こえるよう小声で読むこともあります。
④ 日本語には同音異義語があり、理解のうえで問題となることがあります。また、漢字に関する知識も視覚障害の発症時期等によってもさまざまですので注意が必要です。
⑤ 店名やキャッチコピーなど、当て字やおしゃれな表記など、音と表記がストレートに結びつかないものも増えていますので丁寧に説明します。

代筆・代読におけるガイドヘルパーの心得

　代筆・代読において眼鏡を必要とする従業者は必ず持参する必要があります。また、ボールペン、筆ペンなども業務において使用しますので常備しておきます。同行援護従業者は守秘義務を守るために個人情報を含む代筆・代読で知りえた情報は基本的に記録・記憶しません。この守秘義務は同行援護従業者を退職した後も守らなくてはいけません。

演習：体験を通して学ぶ代筆・代読

基礎編（第1節）、実践編（第2節）で学んだ知識・技術を確認し、実践で活用できるようにするために、実際の場面を想定し、体験を通して代筆・代読の重要性やポイントを理解するための実習を行います。

1 代筆（20分程度）

銀行の振込用紙、住民票写等交付請求書等を使い、ペアになって交互にアイマスクを装着して、代筆の技術を学んでください。互いにアイマスクを外して代筆が終わった書類が正しく書けているのか、確認し合うことが必要です。

(1)準備するもの

アイマスク、銀行の振込用紙、住民票写等交付請求書等

(2)課題

① 銀行の振込用紙

銀行の振込用紙等を活用して金融機関における代筆の実習をペアになって交互に行います。振込先や振り込み金額等を想定して、金額や振込先番号の右寄せや左寄せなどに留意しながら交互に聴き取りながら代筆をし合います。

② 市役所などの申請書

お住まいの市役所等で使われている住民票写等交付請求書等を活用して、代筆の実習をペアになって交互に聴き取りながら行います。

2 代読（20分程度）

雑誌、スーパーマーケット等のチラシ等を使い、ペアになって交互にアイマスクを装着して、代読の技術を学んでください。アイマスクをしている当事者役が、何が書かれているかがわかりやすく、どのような情報を求めているかを考えながら代読してください。

(1)準備するもの

アイマスク、雑誌、スーパーマーケット等のチラシ等

(2) 課題

① 雑誌の代読

週刊誌などの雑誌をペアで1冊用意します。交互にアイマスクを付けて、その雑誌の目次を代読し、気になるページを代読し合ってみましょう。

② チラシの代読

スーパーマーケットやドラッグストアなどのチラシをペアで1枚用意します。交互にアイマスクを付けて、そのチラシのなかから購入物品を選んだり、情報提供をし合ったりしてみます。例えば、「夕食の買い物をするのを想定して、あれこれメニューを考えながら代読してもらう」等の体験をすると実践的ですし、楽しいでしょう。何種類かチラシを準備しておき、他のペアと交換し合ったりして、さまざまなチラシで演習を行ってみてください。また、互いのやりとりをアイマスクを外した後に検証し合うことも大切です。

③ その他

旅行パンフレットや家電製品の説明書等の代読もニーズが多いですので練習教材には使えます。

弱視（ロービジョン）の見え方・見えにくさを体験するキット

盲の状態を理解するためには、アイマスクがよく利用されますが、弱視（ロービジョン）の見え方・見えにくさを体験するためには、ロービジョン体験キットと呼ばれるゴーグル型のシミュレーションがあります。また、最近では、スマートフォン等を使って弱視（ロービジョン）の見え方・見えにくさを体験できるアプリも数多く登場しています。代筆・代読の技術を学ぶ際に、これらの体験キットを活用することは効果的です。しかし、アイマスクや弱視（ロービジョン）体験キットでは、視覚障害者と同じ体験ができるわけではありません。そのため、必ず、視覚障害のある当事者の体験を重視してください。

3 代筆・代読支援の理解と実践を深めるために

※本項目は演習項目「1 代筆」「2 代読」の補足として、紹介するものです。研修時に必ずしも実施する必要はありませんが、研修や学習を深める際にご活用ください。

（1）視覚障害者にとっての代筆・代読の重要性や制度の理解に関する実習

　第1節では、視覚障害者にとっての読み書きの重要性について解説し、日本視覚障害者団体連合が調査した読み書きに関する困りごとを紹介しました。また、同行援護の場面で、代筆・代読を行うためには、絶えず、視覚障害者のニーズを考え、人格を尊重することが重要であることを紹介しました。これらの基礎知識を第2節で紹介した具体的な場面に即し実践で利用できるようにするために、以下の課題に取り組んでください。

　なお、理解したことを言葉で整理し、他人にわかるように説明することは、知識を定着するうえで大切だといわれています。そこで、課題に取り組む際には、必ず、言語化し、他者に説明し、議論したうえで、テキストの当該箇所等で確認をしてください。

①　考えましょう！

　以下の課題について考え、文章としてまとめてください。

課題①　自分自身の日常生活・社会生活を振り返り、どのような場面で、どんな代筆・代読のニーズがあるかを具体的に考え、なるべく多く列挙してください。
課題②　視覚障害者の見え方・見えにくさはさまざまであるため、代筆・代読のニーズも異なることが予想されます。盲と弱視（ロービジョン）に共通しているニーズ、また、それぞれの独自のニーズについて説明してください。
課題③　相手の自己決定を尊重しながら、代筆・代読するには、どのように語りかければよいかを具体的に考えてください。
課題④　代筆・代読では、個人情報の取り扱いには注意が必要です。代筆・代読の場面で留意すべき個人情報にはどのようなものがあるか具体的に考えてください。
課題⑤　スムーズに代筆・代読を行うためには、信頼関係を築くことが大切です。信頼関係を築くうえで重要な言動や態度等について考えてください。また、信頼関係にヒビが入る可能性がある言動や態度等をできるだけ多く、列挙してください。
課題⑥　代筆・代読は、制度によって運用が異なります。同行援護事業で実施できる代筆・代読と、同行援護事業では実施できない代筆・代読について調べてください。

---

②　考えたことを発表し、議論しましょう！

　課題①～⑥について、自分で考えたことを発表してください。また、それぞれの発表に基づき、よかった点、もっと考えるべき点等について議論をしましょう。

③　確認しましょう！

　議論の後で、基礎編の該当箇所を確認してください。
　また、ホームページ等で代筆・代読支援の根拠となっている法制度等を確認してください。その際、同行援護で代筆・代読支援ができない場合、どの制度を利用すればよいかを考えてください。

(2) 代筆・代読支援のポイントの理解に関する実習

　第1節・第2節では、代筆、代読に分けて、それぞれの支援のポイントについて解説しました。これらを実践で利用できるようにするために、以下の課題に取り組んでください。

① 考えましょう！

　以下の課題について考え、文章としてまとめてください。

> 課題①　代筆と代理の違いについて説明してください。
> 課題②　代筆行為が許可される場合と許可されない場合を具体的に列挙してください。また、許可されない理由を説明してください。
> 課題③　合理的配慮について説明したうえで、合理的配慮として代筆・代読をお願いすることが可能な状況について説明してください。
> 課題④　代筆・代読の際に留意すべき心構えを列挙してください。
> 課題⑤　同行援護における代読と点訳・音訳との違いについて説明してください。

 点訳・音訳

　視覚障害のある人のために、普通の文字等で書かれた文章を点字で書かれた文章に翻訳することを「点訳」、音に出して読み上げて伝えることを「音訳」と呼びます。なお、音訳は、詩歌や文章等の内容をくみとり、感情を込めて読み上げる「朗読」とは異なり、内容が正しく伝わるように、書いてあることを書いてあるとおりに読むことが大切です。

第9章 誘導の基本技術

本章の目的

視覚障害者を誘導する際の誘導方法は、誘導する視覚障害者、誘導する環境によって変える必要があります。この章では、外出経験が少なく誘導されることに不慣れな視覚障害者を想定した誘導方法を紹介します。まず、その技術を身につけることを第一の目的とし、次にアイマスクをして体験することによって、安心して移動するにはどんな誘導方法や情報提供が必要であるか学ぶことを目的とします。

第1節 基本技能Ⅰ（基本姿勢など） 〔免除科目〕

【本節の内容】
- 基本姿勢・歩く（誘導の考え方、あいさつ、基本姿勢、やってはいけないこと、歩く、止まる、曲がる、方向転換）
- 狭いところの通過、ドアの通過

1 誘導の考え方

　視覚障害者が移動する方法には、「白杖を利用する方法」「盲導犬を利用する方法」「屋内の移動などでは手による伝い歩きする方法」「電子機器など白杖以外の補助具を利用する方法」、そして「人と移動する方法」があります。
　誘導は、「人と移動する方法」です。呼び方は、「誘導」「手引き」「ガイド」などといいます。誘導の方法は視覚障害者一人ひとり違います。外出に慣れている方、外出の経験があまりない方、白杖で単独歩行ができる方、いろいろな方が同行援護サービスを利用しています。また白杖を持って移動される方のなかには、白杖で確認する方、持っているだけの方などさまざまです。それぞれの視覚障害者やさまざまな環境によって、誘導の方法は考えていかなければなりません。どのような誘導方法がよいか迷ったときは、次の四つの条件を考えるとよいでしょう。

【誘導の四つの条件】
① 安全性・安心感の確保
② 能率性の向上
③ 見た目に自然な容姿や動きの獲得

④　視覚障害者、同行援護従業者の両者にとってのやりやすい方法

　この四つの条件のなかでもっとも大切なことは、「安全性・安心感の確保」です。

2　あいさつ

　あいさつは、誘導のはじめにする大切なものです。その日の外出が心地よいものとなるように、丁寧に行うようにしましょう。

① 　視覚障害者の正面に立つ。
  - 視覚障害者に声をかけるときに遠くからや横から声をかけると、視覚障害者は誰に話しかけられているのかわかりにくいので、相手の顔を見て正面から声をかけるようにします。そうすると同行援護従業者の存在をはっきり認識することができますし、声の位置から同行援護従業者の身長を判断する材料とされている方もいます。
② 　視覚障害者の名前を確認し、自分の所属と名前を伝える。
  - 視覚障害者の多くは声で相手の方を判断していますが、すべてを記憶しているわけではありません。お会いする度に、必ず自分の所属や名前を伝えましょう。

3　基本姿勢

　あいさつが終わると基本姿勢をとります。同行援護従業者は視覚障害者に「情報を提供する」ことが主となる仕事となります。「情報提供」は言葉だけでなく同行援護従業者の身体の動きからも伝えることにもなります。そのためにも、同行援護従業者は視覚障害者の半歩前に位置し、視覚障害者が同行援護従業者の身体に触れることが大切となります。基本姿勢はすべての場面での基本となり、この姿勢がとれないと安全性が低下します。確実にとれるようにしましょう。また、同行援護従業者は、視覚障害者を押したり、引っ張ったりするなど、動きを制限してはいけません。

　基本姿勢は「視覚障害者が同行援護従業者の肘の少し上をつかむ」です。ただ視覚障害者によっては「肩の上に手を乗せる」「腕を組む」「手をつなぐ」などいろいろな方法を希望する方がいます。これらの方法は、基本姿勢よりも安全性が下がる場合があることを意識し、どの点に留意するべきか考えておきましょう。

(1)肘の少し上をつかむ方法

　視覚障害者が同行援護従業者の肘の少し上をつかむことによって、同行援護従業者は視覚障害者の半歩前に位置することができます。

① 　どちらの腕で誘導するのかを尋ね、視覚障害者が希望した側に移動する。
  - 白杖を使用している視覚障害者は白杖を持っていないほうの手で同行援護従業者の肘の少し上をつかむことが多いです。
② 　視覚障害者に同行援護従業者の肘の少し上をつかむように伝える。

図表 I-9-1　手の部分の拡大

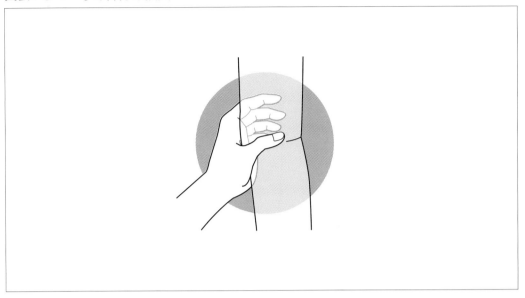

ア　同行援護従業者が視覚障害者の横に立ち、腕同士が触れることで腕の位置を知らせる。
イ　同行援護従業者が、視覚障害者の手の甲に軽く触れて、自分の腕の位置を知らせる。
ウ　視覚障害者に「右手（左手）失礼します」などと声をかけ、同行援護従業者は空いている手で自身の肘の少し上に視覚障害者の手を導く。
・そのとき視覚障害者の手を上からつかむようなことはせず、下から手を添えるようにします。
・ウは慣れていない視覚障害者に有効な方法です。アイは合図なので視覚障害者にその方法を伝えてから行うようにします。

図表 I-9-2　手の甲に軽く触れる

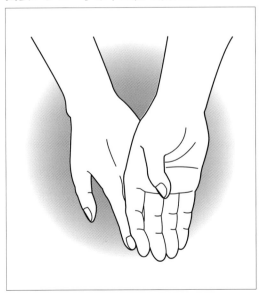

図表 I-9-3　基本姿勢の手の案内図

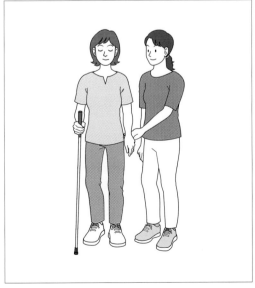

図表 I-9-4　基本姿勢の全体像

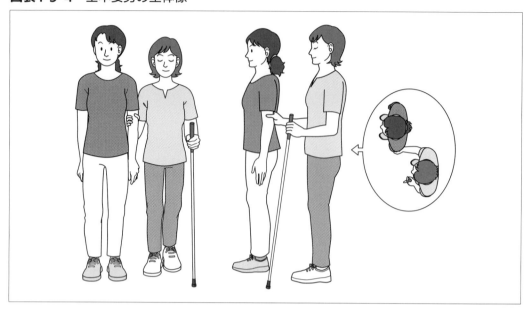

③　同行援護従業者は視覚障害者の半歩前に位置する。
- 同行援護従業者は視覚障害者の安全を確保するためにも視覚障害者の前に位置します。
- 同行援護従業者は、腕に力を入れずに脇を締めるようにします。脇を締めることで、腕が不必要に動くことがなくなり、視覚障害者の不安も減ります。
- 同行援護従業者は、視覚障害者と同じ方向を向くようにします。同じ方向を向いているか確認するときは、首だけを動かすようにします。
- 同行援護従業者はどちらかの足に重心をかけることのないように、地面に対して垂直に立ちます。
- 同行援護従業者と視覚障害者の位置は、広がり過ぎないよう、肩の線が一直線になるようにし、二人分の幅を意識するようにしましょう。

(2) 肩に手を乗せる方法

身長の違いなどで、視覚障害者が同行援護従業者の肩に手を乗せる方法をとることもあります。この場合、肘の少し上をつかむときと違い、手が同行援護従業者の肩から離れやすくなります。急な動きは避けて、肩から手が離れないように注意しましょう。

(3) 腕を組む方法

高齢の方や、歩行が不安定な方は同行援護従業者にしっかりつかまるほうが安心し、安定した歩行になります。腕を組む場合は、転倒のリスクは減りますが、半歩前に位置することができないので、先に同行援護従業者が危険を察知できない分、危険度が高まります。情報提供は早めに的確に伝えることが必要となります。また、人によっては歩く速度も考慮しなくてはなりません。

図表 I-9-5　肩に手を乗せる誘導方法

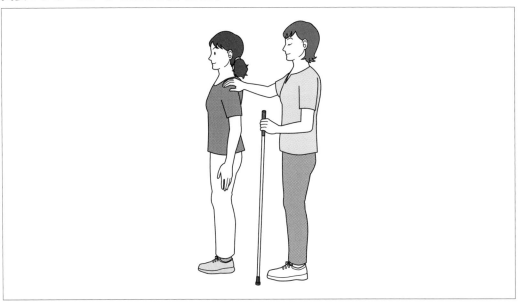

図表 I-9-6　腕を組む誘導方法

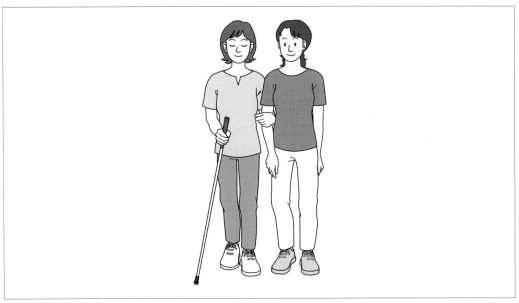

4　やってはいけないこと

　移動を始める前に、次の点に注意して、視覚障害者に不安を与えたり、不快な思いをさせたりしないようにしましょう。
・押したり引っ張ったりして、視覚障害者の動きを制限しないようにしましょう。
・白杖に触れたり、引っ張ったりしないでください。白杖は視覚障害者の身体の一部と考

えましょう。また、白杖で安全を確認する視覚障害者もいます。白杖を持たれることで安全の確認ができなくなります。
- 視覚障害者を空間に置き去りにしないようにしましょう。待っていただく場合は必ず何かに触れていただくようにしましょう。

5 歩き出し

① 歩き始めることを伝える。
② 視覚障害者が歩き出す準備ができていることを確認した後に、歩き出す。
③ 歩く速度は適当か尋ねる。
- 歩いている間、同行援護従業者は、視覚障害者に適宜情報提供をします。情報は、言葉だけでなく身体の動きからも伝わることに留意しましょう。腕をぶらぶらさせたり、身体をふらふらさせたりすると、誤った情報を視覚障害者に伝えることになります。また、同行援護従業者の腕が視覚障害者に引っ張られたり、押されたり、強く握られたりすることでスピードが適切か視覚障害者が不安に思っていないかを知ることができることもあります。

6 止まる

① 止まることを知らせた後、しっかりと止まる。
  - 止まったとき、何故止まったか理由を伝えることで、視覚障害者に安心感を与えます。
  - 止まるときは、安全に次の動作ができるよい位置で止まるようにします。
  - 危険な場合など、やむを得ない場合は、視覚障害者が同行援護従業者の前に行かないように腕で制止するなど配慮します。

7 曲がる

① 曲がる方向を伝えて、基本姿勢を意識して曲がる。
  - 曲がる方向を伝えることによって、視覚障害者は行動の予測ができて安心です。
  - 基本姿勢を大切にしていると身体での情報提供が伝わります。
  - また曲がるときに、急に角度を変えて曲がると基本姿勢が崩れ、脇が空き、視覚障害者がついて来れないことがあるので注意しましょう。

8　方向転換

① 方向を変えることを伝える。
② 基本的には視覚障害者を軸にして回る。
・回る場合は周囲の状況を確認することも大切です。
・回るときは、視覚障害者を振り回すことのないように配慮します。
・エレベーターのように場所に余裕のないときは、いったん手を離しお互いが回るという方法もあります。

9　狭いところの通過

　視覚障害者と移動するときは常に、二人分の幅を考慮して移動します。二人分の幅を確保できない場合は、一列になって移動したり、横歩きをしたりします。

(1) 一列になって移動する場合

① 視覚障害者が狭いところの動線上にいるように注意して、狭いところに近づく。

図表 I-9-7　狭いところの通過の姿勢

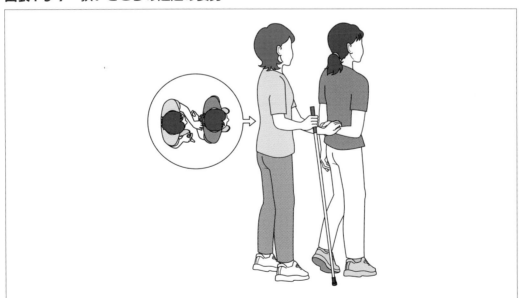

② 狭いところの前でいったん止まり、狭いところを通過することを視覚障害者に伝える。
・視覚障害者ができるだけ狭いところの近くに位置できるように留意します。
③ 同行援護従業者は、腕を後ろに回し、視覚障害者の前に位置する。
・視覚障害者が自分の後ろにきていることを確認します。このときに上半身が動くと、視覚障害者のイメージする正面が変わってしまうため、間違った情報を視覚障害者に

伝えることになるので注意しましょう。
④ 同行援護従業者は視覚障害者が壁などにぶつからないように配慮しながら狭いところを通過する。
・視覚障害者にぶつけやすいところを触ってもらうことも有効です。

図表 I-9-8　通過後の位置

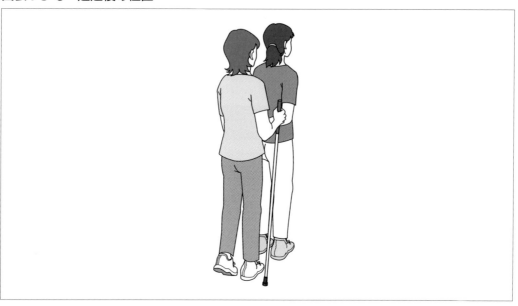

⑤ 視覚障害者が狭いところを通り過ぎたことを確認したら、そのことを知らせ、元の体勢に戻ることを伝えて、視覚障害者の横に移動する。

(2)横になって移動する場合

同行援護従業者は先に位置します。壁などで狭くなっている場合は、視覚障害者の手を壁に誘導し、触れてもらうことでぶつかることを防ぐこともあります。

図表 I-9-9　横になって移動する場合

114

【演習 1】
　この章の演習をするときはなるべく静かな環境を選びます。まず誘導の技術を習得することが大切です。技術ができるようになったら、アイマスクをしてどのような誘導が安心か、またどんなタイミングで情報提供を受けるとわかりやすいかを学びましょう。

10　ドアの通過

　ドアには、押しドア、引きドア、スライドドアなどさまざまな種類があります。これから通過するドアがどんなドアなのかを視覚障害者に伝えることによって、行動の予測がつきやすくなります。また、同行援護従業者と視覚障害者の立ち位置（視覚障害者の側にドアノブがあるなど）によって、誘導の方法も考えていかなくてはなりません。

(1) 押しドアの通過

① 　押しドアを通過することと、左右どちらに開くかを伝え、ドアに近づく。
② 　同行援護従業者がドアを開けて通過する。
③ 　視覚障害者が通過するとき、壁やドアにぶつかりそうであれば、壁やドアに触れてもらう。
　・視覚障害者の手を導くときは、同行援護従業者の身体が視覚障害者のほうに向いてしまわないように、視覚障害者側の手で下から導くようにします。

図表 I-9-10　ドアの通過

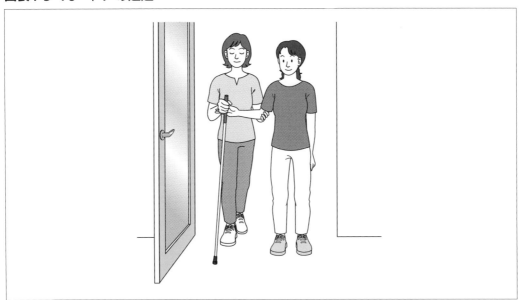

④ 　視覚障害者が通過したら、同行援護従業者がドアを閉める。
　・視覚障害者にドアを閉めてもらってもよいでしょう。

(2)引きドアの通過

① ドアを引いたときの幅を考慮して、ドアの手前で止まり、引きドアを通過することと左右どちらに開くかを伝える。
② 同行援護従業者はドアノブをつかむために片足のみ前に出し、ドアを開けて進む。

図表 I-9-11　引きドアの止まる位置とドアの関係

③ 視覚障害者が通過するとき、壁やドアにぶつかりそうであれば、壁やドアに触れてもらう。
　・視覚障害者の手を導くときは、同行援護従業者の身体が視覚障害者のほうに向いてしまわないように、視覚障害者側の手で下から導くようにします。
④ 視覚障害者が通過したら、同行援護従業者がドアを閉める。
　・視覚障害者にドアを閉めてもらってもいいでしょう。
　※ドアを閉めるときドアノブが遠い場合
　・ドアを通過後、視覚障害者を近くの壁などに案内し、安全を確保してから離れてドアを閉めてもよいでしょう。
　・ドアを通過後、同行援護従業者は、自身の肘をつかんでいる視覚障害者の手を反対側の手で持ち替えて、身体の向きをドアのほうに変えてドアを閉める方法もあります。

(3)スライドドアの通過

① ドアの前で止まり、左右どちらにスライドするドアであるかを伝える。
② 視覚障害者が通過するとき壁やドアにぶつかりそうであれば、触れてもらう。
　・視覚障害者の手を導くときは、同行援護従業者の身体が視覚障害者のほうに向いてしまわないように、視覚障害者側の手で導くようにします。
③ ドアを通過したら、同行援護従業者がドアを閉める。

図I-9-12　一人にしない誘導の動き①

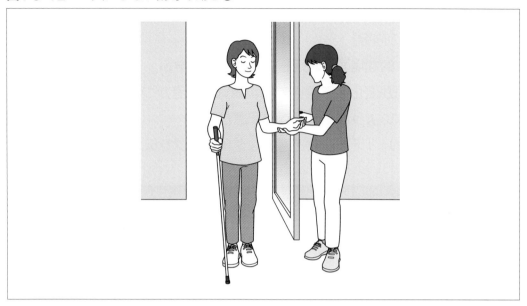

図I-9-13　一人にしない誘導の動き②

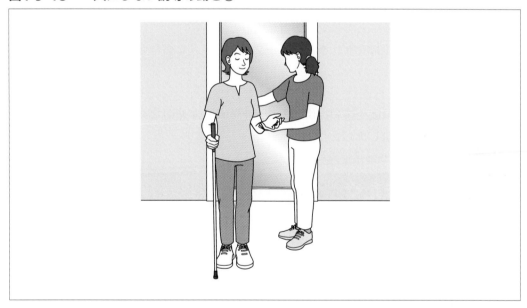

・視覚障害者に閉めてもらってもよいでしょう。

【演習2】
　さまざまなドアで演習をしましょう。適切なタイミングで正しく情報提供ができるまで練習します。また、壁やドアに視覚障害者の身体をぶつけていないか確認しましょう。同行援護従業者の身体の動きにも留意して演習しましょう。

第2節 基本技能Ⅱ（誘導など）

【本節の内容】
- 具体的な場面を想定した誘導方法を学ぶ
- 路面が変化する場面では、視覚障害者がつまずいたり転んだりしないように、足元への配慮が重要
- 「上り」「下り」など適切なタイミングで伝える

1 スロープ

① スロープに直角に近づく。
- 直角に近づくことで安全に誘導することができます。

② スロープの前で上り（下り）のスロープを通過することを伝え、スピードを緩める。

③ スロープを通過したら、スロープが終わったことを伝える。
- アスファルトから砂利、コンクリートから芝生など路面の変化があるときは、通過する前に情報を伝えることで視覚障害者は安心します。
- スロープが一度平坦になり、またスロープが続くような場合も、その都度情報を伝えるようにします。

【演習3】
スロープに侵入する角度や情報提供（上りか下りか）が適切なタイミングで伝えられているか演習のなかで確認しましょう。

2 溝などをまたぐ

① 同行援護従業者は溝に向かって直角に近づく。
- 直角に近づかないと視覚障害者が溝に落ちたり、溝までの距離が遠くなったりします。

② 溝の前で両足をそろえて止まり、溝を渡ることを視覚障害者に伝える。
- 視覚障害者が渡りやすい位置にいるか同行援護従業者が確認し、必要に応じて適切な位置（同行援護従業者の横など）に誘導する。

③ 同行援護従業者は、視覚障害者がいる側と反対側の足を溝の対岸に置く。そのとき重心は視覚障害者がいる側に残しておく。
- 重心を後ろ足に残すことによって、視覚障害者に必要のない情報が伝わりません。

④ 同行援護従業者は視覚障害者に溝を渡ることを伝え、重心を対岸に置いた足（視覚障害者がいる側と反対側の足）に移動する。
- 重心が移動することによって、同行援護従業者の腕が少し前に出て、視覚障害者に渡

るタイミングを伝えることができます。
- 上半身の動きも、視覚障害者への情報提供であることを考えて、無駄な動きはしないようにします。

⑤ 視覚障害者が溝をまたいだことを確認した後、同行援護従業者も足をそろえ溝をまたぐ。

図表Ⅰ-9-14　溝のまたぎ方

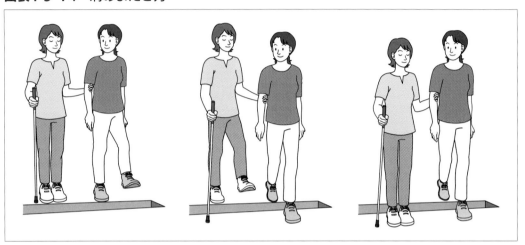

【演習4】
　演習をするときは、溝から少し離れたところから出発します。進入の角度と停止する位置が適切かを確認しましょう。体重移動は獲得するのに練習が必要です。この演習で身につけましょう。

3　段差

(1)上りの段差

① 段差に向かって直角に近づく。
② 段差の直前で止まり、上りの段差であることを伝える。
- 視覚障害者が上りやすい位置にいるか、同行援護従業者が確認をし、必要に応じて適切な位置（同行援護従業者の横など）に誘導します。
③ 同行援護従業者は、視覚障害者がいる側と反対側の足を一段上にかける。
- 重心は視覚障害者がいる側の足に残しておきます。
- 重心を後ろ足に残すことによって、視覚障害者に必要のない情報が伝わりません。

図 I-9-15　段差上りはじめ

④　同行援護従業者は視覚障害者に、段差を上ることを伝え、重心を上にかけた足（視覚障害者がいる側と反対側の足）に移動する。
・重心を移動することによって、同行援護従業者の腕が動き、視覚障害者に上るタイミングを伝えることになります。
⑤　視覚障害者が上りきったことを確認した後、同行援護従業者も足をそろえ上り終える。
・必ず動きが完了してから歩き出すようにします。
・同行援護従業者の腕が身体から離れると、間違えた情報を伝えることになりますので、必ず身体につけるようにします。

図表 I-9-16　段差上り終わり

(2)下りの段差

① 段差に向かって直角に近づく。
② 段差の直前で止まり、下りの段差であることを伝える。
・同行援護従業者は段鼻のぎりぎりのところで止まるようにします。
・視覚障害者が下りやすい位置にいるか、同行援護従業者が確認をし、必要に応じて適切な位置（同行援護従業者の横など）に誘導します。
③ 同行援護従業者は、視覚障害者がいる側と反対側の足を一段下に降ろす。
・重心は視覚障害者がいる側の足に残しておきます。
④ 同行援護従業者は視覚障害者に、段差を下ることを伝え、重心を下に降ろした足（視覚障害者がいる側と反対側の足）に移動する。
・重心を移動することによって、同行援護従業者の腕が動き、視覚障害者に下るタイミングを伝えることになります。
⑤ 視覚障害者が下りきったことを確認した後、同行援護従業者も足をそろえ下り終える。
・必ず動きが完了してから歩き出すようにします。
・同行援護従業者の腕が身体から離れると、間違えた情報を伝えることになりますので、必ず脇を締めるようにします。

図表 I-9-17　段差下り始め

【演習5】
　演習4と同様に、段差から少し離れたところから出発しましょう。段差を上り（下り）終えた後はしばらく歩くようにします。そのことで、段差を上り（下り）終えた後に止まっているかを意識できます。

4 階段

階段を利用するときは、事前に手すりを利用するかしないかを尋ねておきましょう。もし、手すりを利用する場合は、どちらの手で手すりをつかむのか、同行援護従業者と一緒に階段を昇降するのか、一人で階段を昇降するのか、その場合同行援護従業者はどの位置にいるのがよいのかも尋ねておきましょう。手すりの情報提供をする場合は、手の甲を導き、手すりを確認してもらうなどします。踊り場がいくつもある階段では、いくつ踊り場があるか情報提供することで視覚障害者が見通しをもって移動できます。段数は数え間違いがあると危険なので伝えないようにします。動作や言葉で適切なタイミングで終わりを伝えるようにします。

(1)上り階段

① 階段に直角に近づく。
・斜めに近づくと視覚障害者の位置が階段から遠くなってしまったり、階段につまずいたりすることがあります。
② 階段の直前で止まり、『上り』階段であることを伝える。
・視覚障害者が階段から遠くならないように、同行援護従業者は階段になるべく近い位置(つま先が付くくらい)で止まります。
・階段の長さや踊り場などの情報を伝えることによって、視覚障害者がこれからの行動に予測ができます。
・階段の先に、人や障害物がないかの確認もするようにします。
・手すりを使いたい方の場合は、肘を持たれている手で、視覚障害者の手の甲を手すり

図表 I-9-18　止まる位置

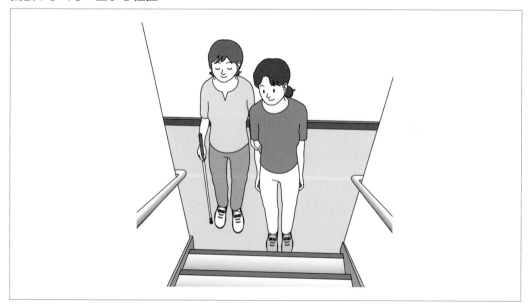

に誘導します。
③ 同行援護従業者は、視覚障害者と反対側の足を一段上にかける。
・このときに同行援護従業者は重心を視覚障害者がいる側の足に残しておくようにします。

図表 I-9-19　階段上り始め

④ 視覚障害者がステップの確認をするなど上る準備ができたら、同行援護従業者は重心を前に移動し上り始める。
・同行援護従業者は常に視覚障害者の一段先を上るようにします。

図表 I-9-20　途中

- 視覚障害者が階段を踏み外さないように注意しましょう。
- 上る速度は視覚障害者に合わせます。

⑤ 同行援護従業者は最後の一段を上るとき、視覚障害者が止まりやすいように少し前に足をつき、最後の段についた足にもう片方の足をそろえ、しっかりと止まる。
- 同行援護従業者が最後の一段を少し前に位置することによって、視覚障害者が上りやすくなります。最後の段であまり大きく出すぎると視覚障害者が前傾姿勢になりつまずくことがあるので注意しましょう。
- 止まるときは、ぐらぐらしないで、しっかりと止まることで、視覚障害者にはっきりと階段が終わることを伝えられます。

⑥ 視覚障害者が上りきると同時に階段が終わったことを伝える。
- 視覚障害者が上りきると同時に伝えるというタイミングが大切です。

⑦ 同行援護従業者は視覚障害者の足元を確認した後に、歩行を続けることを伝える。
- 同行援護従業者は視覚障害者の足元を確認してから次の行動をとるようにします。確認を怠ると、視覚障害者がつまずく原因になります。

図表I-9-21 上り終わり

(2)下り階段

① 階段に直角に近づく。
- 斜めに近づくと視覚障害者の位置が階段から遠くなってしまったり、階段を踏み外してしまったりすることがあります。

② 階段の直前で止まり『下り』階段であることを伝える。
- 視覚障害者が階段から遠くならないように、同行援護従業者は階段になるべく近い位置（つま先が出るくらい）で止まります。
- 階段の長さや踊り場などの情報を伝えることによって、視覚障害者がこれからの行動

の予測ができます。
  ・手すりを使いたい方の場合は、肘を持たれている手で、視覚障害者の手の甲を手すりに誘導します。
③ 同行援護従業者は、視覚障害者と反対側の足を一段下りる。
  ・このときに同行援護従業者は重心を視覚障害者がいる側の足に残しておくようにします。
④ 視覚障害者がステップの確認をするなど下る準備ができたら、同行援護従業者は重心を前に移動し下り始める。
  ・同行援護従業者は常に視覚障害者の一段先を下るようにします。
  ・視覚障害者が階段を踏み外さないように注意しましょう。
  ・階段の先に、人や障害物がないかの確認もするようにします。
  ・下る速度は視覚障害者に合わせるようにします。
⑤ 同行援護従業者は最後の一段を下るとき、視覚障害者が止まりやすいように少し前に足をつき、最後についた足にもう片方の足をそろえしっかりと止まる。
  ・同行援護従業者が最後の一段の少し前に位置することによって、視覚障害者が下りやすくなります。最後の段であまり大きく出すぎると同行援護従業者が前傾姿勢になり視覚障害者が引っ張られて階段を踏み外すことがあるので注意しましょう。
  ・止まるときは、ぐらぐらしないで、しっかりと止まることで、視覚障害者にはっきりと階段が終わることを伝えることになります。
⑥ 視覚障害者が下りきると同時に階段が終わったことを伝える。
  ・視覚障害者が下りきると同時に伝えるというタイミングが大切です。
⑦ 同行援護従業者は視覚障害者の足元を確認した後に、歩行を続けることを伝える。
  ・同行援護従業者は視覚障害者の足元を確認してから次の行動をとるようにします。確

図表I-9-22　階段下り始め

認を怠ると、視覚障害者がつまずく原因になります。

図表 I-9-23　階段下り終わり

（3）手すりを使う場合

① どちらの手で手すりをつかむのか、前もって尋ねておきその手を導きやすい位置へ真っすぐに近づく。
② 上り（下り）の階段であることを伝え、同行援護従業者は視覚障害者の手を手すりに導く。

図表 I-9-24　手すりの案内

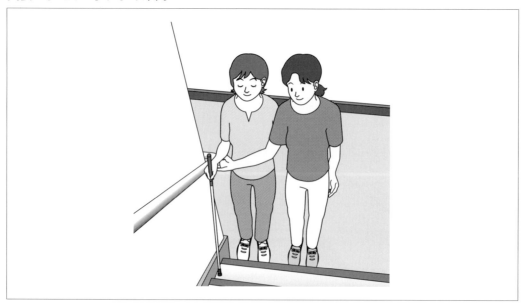

126

- 視覚障害者の手を導くときは、同行援護従業者の身体が視覚障害者のほうに向いてしまわないように、視覚障害者側の手で導くようにします。
- 基本姿勢のときと同じように、視覚障害者の手を上からつかまず、下から手を添えるようにします。

③ 手すりへ誘導した後は視覚障害者が望む方法で誘導する。
- 同行援護従業者は、視覚障害者が望む位置にいるようにします。

【演習6】
　今までの技術が多く含まれています。動作が多い技術です。いくつかの動作を区切って（①上るまでの動作、②上る、③上り終わりなど）、一つひとつの動作を身につけてから流れでできるようにするなどの工夫が必要です。

5　いすへの誘導

　いすはさまざまな種類があり、座る方向や周囲の状況を知ることによって、視覚障害者は行動の予測がつきます。また、必要以上に視覚障害者の身体に触れたり、抱えたりしないようにしましょう。

(1) 背もたれのあるいすへの誘導

① いすの種類、座る方向を伝える。
- 背もたれがあること、肘かけの有無などの情報も伝えるとよいでしょう。

② いすに近づいて止まる。
- 止まる位置は、視覚障害者の手の甲がいすに触れやすい位置にします。

図表 I-9-25　いすへの誘導

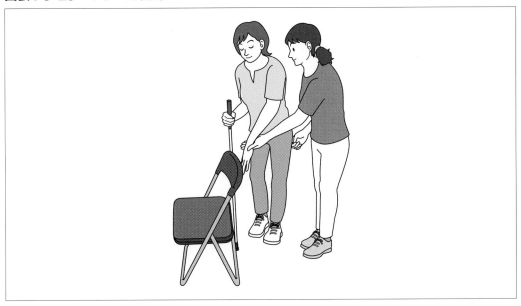

③　白杖を持っていない手を、「背もたれ」「座面」「肘かけ」に導いて場所を伝える。
・誘導する順は、白杖を持っているときと持っていないときとで違うことがあります。どちらの手を先にご案内したら安全かつ能率的かを考えて誘導しましょう。
・座るときにバランスを崩したり、いすが動いたりすることもありますので、着席するまではしっかりと見守りましょう。

(2)いすと机の誘導

① 　いすの種類、机の種類、座る方向を伝える。
・背もたれの有無、肘かけの有無、机との位置関係なども伝えます。
② 　いすに近づいて止まる。
・周囲の環境を考えて、最適な方向を考えて近づくようにしましょう。
③ 　視覚障害者の手を「机」「背もたれ」「座面」「肘かけ」に導いて場所を伝える。
・誘導する順は、安全に（視覚障害者の身体や頭がぶつからない）かつ能率的に動けるように配慮します。
・机に物が置いてある場合は、その状況も伝えるようにしましょう。
④ 　視覚障害者が着席するときの安全を見守る。
・座るときにバランスを崩したり、いすが動いたりすることもありますので、着席するまではしっかりと見守りましょう。

図表 I-9-26　いすと机の誘導

(3)丸いすの誘導

診察室のいすなどの場合に行う方法です。座面が回転する場合もあります。
① 　いすの種類を伝える。
・座面が回転する場合やキャスターがついている場合もあります。正しい情報を伝える

ようにしましょう。
② 視覚障害者の手の甲を座面に誘導して場所を伝える。
③ 視覚障害者が着席するときの安全を見守る。
  ・座るときにバランスを崩したり、いすが動いたりすることもありますので、着席するまではしっかりと見守りましょう。
  ・座る向きは着席した後に方向を変えるようにします。

(4) 長いすの誘導

　長いすに着席する場合は、着席しようとするいすに他の人が着席していることがあります。その場合、着席されている人がいる位置を伝えます。性別や年齢層などの情報がほしいという視覚障害者もいます。
① いすの種類、座る方向、着席している人の情報を伝える。
② いすに近づき止まる。
  ・止まるときは、周囲の環境を考え、誘導しやすい位置に止まるようにします。
③ 視覚障害者の手を「座面」に誘導して位置を伝える。
  ・着席する位置に膝を当てて回転してもらう方法もあります。
④ 視覚障害者が着席するときの安全を見守る。
  ・視覚障害者が着席するときに先に着席されている人に接触して不愉快な気持ちにならないよう配慮しましょう。
  ・視覚障害者が着席するときに肩を上から押したり身体に不必要に触れたりするようなことはせず、言葉で伝えるようにしましょう。

【演習7】
　いろいろな場面を想定して演習をしましょう。その場面にあった工夫が必要となります。決まった方法だけでなく、同行援護従業者が自分で考えて誘導する力をつけられる演習をしましょう。

6　エスカレーター

　エスカレーターの利用は動いているものに誘導する場面になります。大きな事故やけがにつながることもありますので、より丁寧な誘導を心がけましょう。エスカレーターへの誘導の前に次のことを確認しておきましょう。
・エスカレーターの利用を希望されるかどうかを確認します。希望されない場合は、他の移動方法（階段、エレベーターなど）を考えます。
・どのような乗り降りの仕方を希望するのかを確認します。また、同行援護従業者と視覚障害者が同じステップに乗るのか、一段上のステップに乗るのかなど、視覚障害者が乗り慣れた方法で誘導しましょう。不慣れな誘導方法は、視覚障害者が戸惑ってしまって、事故やけがにつながります。
① エスカレーターに真っすぐ近づいて止まり、視覚障害者に横に並んでもらう。

・同行援護従業者は、視覚障害者がエスカレーターに乗りやすい位置にいるか、足元を確認してください。
② 視覚障害者の手の甲をベルトに誘導する。
・視覚障害者の手を誘導するときは、同行援護従業者の身体が視覚障害者側に動いてしまわないように、視覚障害者の右手を誘導するときは同行援護従業者の右手で、視覚障害者の左手を誘導するときは、同行援護従業者の左手で誘導します。
・視覚障害者が白杖を持っている場合は、本人にベルトはどうやって握るかを事前に尋ねておきましょう。
③ 合図で視覚障害者と同行援護従業者が同時にステップに乗る。
・合図はエスカレーターを利用する前に決めておくとよいでしょう。
・同行援護従業者は視覚障害者の足がステップの中央にあるか確認し、もしステップから外れていたら、前後に足を移動するように促します。
④ 同行援護従業者は一段上に位置する。
⑤ 降りるときは、合図をして、同行援護従業者が先に視覚障害者は続いて降りる。
・同行援護従業者は視覚障害者の足元を確認するようにします。
⑥ エスカレーターから降りたら、立ち止まらずに進む。
・エスカレーターの降り口付近で立ち止まると後からくる通行者の妨げとなり危険ですので立ち止まらずに進みます。

　エスカレーターの誘導の一例をあげます。
●上り（下り）のエスカレーター
●二人乗り
① 上りの二人乗りのエスカレーターを利用することを伝え、エスカレーターに近づき止まる。
・視覚障害者がエスカレーターに乗りやすい位置でしっかりと止まります。
② 視覚障害者の手の甲をベルトに誘導する。
・同行援護従業者の身体の方向が変わらないように、視覚障害者の右手を誘導するときは同行援護従業者の右手で誘導するようにします。
・視覚障害者がベルトを握りこまないように伝えるようにしましょう。
③ 合図をして、同時にエスカレーターに乗る。
・視覚障害者の足がステップの中央につくタイミングで声をかけるようにします。
・視覚障害者の足がステップからずれていたら、段差が大きくならないうちに知らせて、移動するように伝えます。
④ 同行援護従業者はステップを一段上がる。
⑤ 合図をして、視覚障害者と同行援護従業者が同時にエスカレーターから降りる。
・視覚障害者の後ろ足がエスカレーターの吸い込み口にかからないようなタイミングで合図をするようにしましょう。
⑥ エスカレーターから降りたら立ち止まらずに進む。

図表 I-9-27　ベルトの誘導

図表 I-9-28　エスカレーター降りる

●一人乗り
　一人乗りは特にエスカレーターに慣れていることが前提です。視覚障害者が先に乗るか、後に乗るかは利用する前に本人に確認しておきましょう。先に同行援護従業者が乗る場合は、視覚障害者を置いて行かないように、しっかりと手すりに誘導することが必要です。
　同行援護従業者が先に乗る場合は次のように誘導する方法があります。
① 　上り（下り）の一人乗りのエスカレーターを利用することを伝え、エスカレーターに近づき狭いところの通過と同じように一列になり止まる。
② 　同行援護従業者が先に乗り、視覚障害者が続いて乗る。

・視覚障害者がベルトをつかむのか、そのまま同行援護従業者の肘の上をつかんだ状態でよいのかは、視覚障害者のやりやすい方法でするとよいでしょう。
③ 終わりが近づいたことを伝え同行援護従業者が先に降り、視覚障害者がベルトを持っている側で待つ。
④ 同行援護従業者は視覚障害者が降りるタイミングを伝え、ベルトをつかんでいる視覚障害者の手を同行援護従業者の肘に誘導する。
・視覚障害者が降りた後、立ち止まらないように誘導しましょう。

【演習8】
二人のタイミングが大切になります。エスカレーターの使い方を共有してから演習をします。手引きの技術が定着してから、アイマスクをするようにしましょう。

7 エレベーター

手すりを使いたい方の場合は、肘を持たれている手で、視覚障害者の手の甲を手すりに誘導します。駅やビルなどで上の階や下の階への移動があるときは、どの手段が利用できるか、また、視覚障害者がどの手段を使いたいのか確認を取るようにしましょう。
① エレベーターを使うことを伝え、適切な場所で止まる。
・視覚障害者が壁側に位置するとエレベーターから降りてくる人の流れに視覚障害者がぶつからないでしょう。
・待っているエレベーターが今何階にいるのか、一緒に乗り込む人たち（ベビーカーや杖をついている人）の情報も伝えるようにしましょう。
② エレベーターが到着したこと、乗り込むことを伝える。
・エレベーターの中の状況を大まかに伝えるようにします。
③ 視覚障害者の足元に気を配り、壁にぶつからないように配慮しながら乗り込む。
・ドアが閉まることがあれば、同行援護従業者がドアを押さえるようにします。
・どちらの方向に降りるのかを伝えます。
④ 同行援護従業者が降りる階のボタンを押す。
・エレベーターが混んでいて移動できないときは、周りの人にお願いしましょう。
・エレベーター内の空間に余裕があるときは、乗り込んでくる人に視覚障害者がぶつからない位置に移動します。また、乗った時点で降りる方向に向きを変えると降りるときにスムーズに誘導できます。
⑤ 到着階についたことを伝え、視覚障害者の足元に気を配り、壁や人にぶつからないように配慮しながら降りる。
・ドアが閉まることがあれば、同行援護従業者がドアを押さえるようにします。
・乗り込む人とぶつからないように、視覚障害者が壁側に位置するとよいでしょう。

【演習9】
どんな情報提供があれば安心かを気づけるように演習します。

第10章 誘導の応用技術

本章の目的 さまざまな場面での具体的な誘導方法を習得します。実際の街歩きにより、誘導時の留意点や具体的な誘導技術を習得します。

第1節 街歩きの支援技術

【本節の内容】
- 共通（トイレ、食事）
- 街歩き（歩道、歩車道の区別のない道路、天候、踏切、グレーチング、混雑地、さまざまなドア、さまざまな階段）

1 あらゆる場面に共通する支援

(1) トイレ

　支援の最中では、駅や病院、お店などのポイントでトイレの位置を確認し、視覚障害者に情報提供を行います。視覚障害者のなかには、自分から言い出しにくく我慢している方や、特に高齢者の場合、尿意から排尿までの時間が短くなるため早めの声かけが必要な方もいますので常に気をつけておきます。普段からトイレの位置や利用しやすい所などの情報収集をしておきます。

　清掃の状況は利用する際に最も必要な情報です。またできる限り口頭で情報提供するのが望ましいですが、一般的に触れても可能な場所は触れていただいてもかまいません。

　視覚障害者が異性の場合も、原則は同行援護従業者がトイレ内の情報提供をすることとなりますが、視覚障害者の同意を得られれば近くの同性の方に支援をお願いすることも可能です。また同行援護従業者が説明するうえで一緒に入れるバリアフリートイレなどを利用することも一つです。ただし、バリアフリートイレは空間が広く、中での移動に不安を感じる方もいますので同意確認など注意が必要です。

　さらに高齢化に伴いトイレ内の支援（服の着脱や移乗など）が必要な方もいますので事前に確認しておきます。

　必要に応じて同行援護従業者も用を足すことを伝えます。同行援護従業者も支援中は決して我慢することのないようにします。

■実技のポイント
・事前に各種形状の異なるトイレを確保（男性用小便器・個室・バリアフリートイレなど）

・他に利用される方がいる場合は説明のみ

① トイレの種類

　トイレ全体の配置として、入口・手洗い場、個室など、男性トイレの場合は小便器と個室の位置関係をまず伝えます。その際は便器のタイプ（和式・洋式）も必ず伝えます。

　和式の場合、便器と床がフラットな場合と一段高くなっているものがありますので情報提供をします。

　白杖を所持している場合などは便器内に白杖が入り込まないように注意が必要です。

② 個室のトイレ

　最初に個室内が汚れていないかどうかも確認して、視覚障害者に伝えます。

　次にドアの形式（中開き・外開き、折りたたみなど）と鍵の位置と開閉方法を伝えます。その後、ドアの位置を基準とし、個室内の配置と設備を説明します。

　和式の場合は便器をまたいだ姿勢、洋式の場合は便器に座った姿勢を基準にして説明します。

　伝える内容としてはドアに対しての便器の向き、洋式なら蓋の有無と開閉状態、荷物用のフック、棚、トイレットペーパーの位置、水洗ボタン（レバーなど）、ごみ箱（汚物入れ）、非常呼び出しボタンなどがあります。洗浄便座であれば温水洗浄ボタンや擬音装置の操作ボタンなどの位置と使用方法などを説明します。

　非常呼び出しボタンと水洗ボタンが近い位置にある場合、押し間違えやすいので注意が必要です。

図表 I-10-1　呼び出しボタンと水洗ボタン

③ バリアフリートイレ（多目的トイレ）

　個室とは異なる広さがあり、さらに設備もさまざまで、視覚障害者のなかには利用しにくいと感じる方もいますので本人の意向を確認したうえで案内します。最初に出入口と便器の位置関係を正確に伝えることが大切です。

　視覚障害者の必要に応じた内容で説明をします。また、手すり、乳児用いすや、着替え用の踏み台、おむつ替え用ベッドなどはぶつかることもありますので、特に説明が必要な場合があります。オストメイト対応洗浄器は手洗いと間違える場合があるので注意して説明します。

　また特にドアの開閉ボタンやフックなどは、車いす利用者向けの高さに設置されている場合やドアから離れた所にある場合もあるので説明に注意が必要です。

④ 男性用小便器

　便器の形状を伝えます。形状もさまざまで、縦に長いストールタイプ、朝顔タイプの壁かけ型、樽を斜めに切ったタイプの筒型などいろいろな種類がありますので、知りたいといわれる方には説明をします。

　視覚障害者を小便器の正面に誘導し、便器上部にあるパイプなどに軽く触れてもらいます。隣で使用されている人がいるかどうかも伝えておきます。水洗ボタンなども忘れずに伝えます。

　手すりなどが設置されている場合は触れていただいてもかまいません。

⑤ 同行援護従業者の待機場所と手洗い場

　同行援護従業者は個室あるいは小便器から手洗い場までの位置も伝えておき、どこで待っているかを伝え、出口付近で待機します。

　トイレ使用後は、手洗い場までの移動について、衛生面を考えて同行援護従業者の肘などを持たない方もいます。その際は、腕などが軽く触れるところに位置して声かけしながら誘導することもあります。蛇口やせっけん、ペーパータオルなどの説明をし、必要であれば手を添えて誘導します。

　感染対策にも留意します。

(2) 食事

　外出の際の食事は、お店選びからメニュー選択までが楽しみの一つです。同行援護従業者の情報提供により、おいしく、また楽しみながらの食事がいっそう可能になります。

■実技のポイント
・一般店舗に依頼する場合はどのようなメニューにするかも含めて要相談する
・その場合、他の利用客に迷惑にならないように配慮する
・実技場所までの移動時間を考慮する（この移動も実習の一つと考える）

① 食事支援の基本

❶ お店選び
　現地で、近辺にどんな店があるのか、また、メニューのサンプルや表示、店のつくりや雰囲気などの情報提供を行い、視覚障害者が何を食べたいのかのニーズに合ったお店を決定します。

❷ 入店時の支援
　入店する際には混み具合、店内の広さを説明します。また、空席の状況や座席の形態(テーブル・カウンター・座敷)を伝え、どこに座りたいかを決めます。いすの形状や素材、何人掛けかなども伝えます。複数での食事の場合なども同席者の配置を伝えます。情報提供の際は周りのお客さんに迷惑にならないよう声の大きさなどに気をつけます。案内される場合は移動中の状況を説明します。入店後は店員等と相対できるように配慮します。

❸ メニュー選び
　店舗によっては点字メニューなども置いてあります。点字使用者であることが事前にわかっている場合などは点字メニューを必要とされるかどうかも視覚障害者に確認しておきます。

　時間帯に合ったメニューを選び、分類ごとに分けられていることが多いので、分類ごとに説明していきます。代読の支援となりますが、声の大きさなどには周囲に配慮します。

　メニューはいずれも商品名と金額は必ず伝えます。アレルギーやカロリーなど補足説明などあれば伝えます。さらにメニューに掲載されていない(壁に貼ってあるものや手書きメニューなど)ものもありますので、周囲を確認して情報提供をします。またタブレットのタッチパネルでの注文の際は支援が必要な場合があります。

　注文内容が決定したら店員等との注文のやりとりも支援します。視覚障害者から依頼があれば代わりに注文してもかまいません。

❹ 食事
　注文したものが一度にくる場合や順番にくる場合などがありますが、説明の手順はいつも大枠から詳細な部分へと移っていくようにします。

　言葉で食器の位置を確実に説明しますが、場合によっては食器まで手を誘導することもあります。

　また視覚障害者が自ら箸などで食材を触れながら説明を聞くこともあります。そうした動きを大切にして説明する順序が飛ばないよう言葉で説明しながら確認してもらうことで触感などの理解と共にわかりやすくなります。

　説明の仕方としては「右手前」「左手奥」などで十分伝わります。ただし、左右は視覚障害者から見ての左右となるため言い間違いに注意します。時計の文字盤に見立てて説明する方法もありますが、あまり細かくならないようにします。

　説明する際には周囲に配慮した声の大きさ、食事に近づきすぎず衛生面に注意します。

　人の食事の仕方は千差万別です。勝手に食器の位置を変える必要はありませんが、手が当たって倒れそうなどの場合は一声かけて理由を説明してから行います。

　熱いものや水物、汁物が出てきた場合は、声かけし、内容や位置を伝え、必要であれば

手を誘導します。また、蓋が取りにくい容器などの場合には個人のニーズにそって支援をします。

食べ物が少なくなったときなどは残っている位置を客観的に伝えます。飲み物や調味料などを継ぎ足す場合も確認してから行います。

食事中はさりげなく見守ります。ソースなどが服などについた場合などはその場で大げさにならないように伝えます。

❺ 会計

店を出るときは伝票の確認や内容の代読なども含め、支払いの準備をしてから席を立つようにしてください。本人が支払うのか、同行援護従業者が預かって支払うのか、ほかにさまざまな支払方法を理解しておくこともあらかじめ確認しておきます。

テーブルで支払う場合やレジに向かう場合など状況を伝えます。離席後は忘れものがないか確認します。

いずれの場面も店員などとのやりとりをする場合は、視覚障害者が行えるように支援します。

セルフレジやタッチパネルなどの場合は必要に応じて支援します。

② さまざまな留意点

❶ 位置の説明

基本的には左、右、手前、奥などの言葉で説明していきますが、時計の文字盤に見立てる場合は、視覚障害者側（手前）を6時、向こう側（奥）を12時にするなど決めて、皿、グラス、食べ物の位置を頭の中にイメージしやすいように、3時や6時、9時の位置、12時と3時の間の位置などと説明します。あまり細かい説明はわかりづらいこともあります。

皿の上の説明なども右回り、左回りなど基準を決め位置が飛ばないようにします。手を誘導する、添える場合は必ず確認してから行います。

図表 I-10-2　時計の文字盤に見立てる

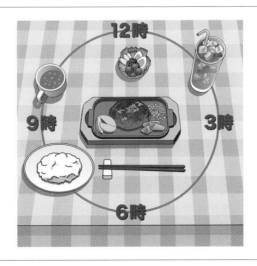

❷ 配慮が必要な場合

　一人鍋など火を扱う料理は、火が入る前に伝えておきます。

　調味料等は使用するのか、どの程度の量なのかは事前に聞いておきます。エビやカニ、骨のある魚なども状態を伝え、支援が必要かを確認します。回転テーブルなどの大皿料理をとりわける場合も、状況を伝え、同行援護従業者が行うか確認しておきます。またテーブルを回転させる場合も声かけをしてから行います。

　洋食の場合、ナイフ・フォークの位置を伝えます。箸の使用を希望される方もいますので必要に応じて対応します。魚料理や肉料理など盛り付けられた料理の状態などを伝えることにより、楽しく食事をすることができます。

　バイキングはさまざまな種類の食材があり楽しみの一つです。一緒に取りに行くのか、同行援護従業者が取りに行くのかの希望を聞き、視覚障害者と一緒に一通り回ってメニューを説明しておきます。

　一緒に取りに行く場合は、トレイなどをどちらが持つのか決め、和食、洋食の配置などを伝えます。飲み物や汁物などはこぼさないように注意します。

　同行援護従業者が取りに行く場合は、何をどの程度盛り付けるのかを確認しておきます。調味料や飲み物なども適宜聞きます。

　弁当など容器に入っているものの場合は、包装や箸、手拭き、容器の仕切りなど大まかに説明します。使い捨ての弁当容器などは持ち上げた裏側を触れてもらうとわかりやすい場合もあります。

　最初にご飯の位置を説明するとイメージしやすいようです。次にエリアごとのおかずの種類を説明します。規則を決め順序よく、食材の下に隠れているものなど説明漏れがないようにします。食べられないバランやアルミカップ、ソースや醤油などの有無を知らせ、どうするかの確認を行います。

2　街歩き（環境に応じた歩行）

　今までのさまざまな技術は、すべてが有機的につながってこそ意味があります。一つの技術の練習をするときだけできても、実際に街を歩くようになるといろいろなことに注意がいってしまい、できたと思える技術もできなくなってしまうことがあります。一番よい例が階段の利用です。

　練習で行った典型的な階段の利用方法をうまく活用できないだけでなく、街の中では、ステップの幅が広かったり、一段一段の高さがまちまちだったり、手すりがなかったりと、さまざまな形態の階段が存在します。ステップが斜めに切ってあるような階段も少なくありません。では、何に注意して階段を利用するかといえば、①安全性の確保、②しっかりした情報提供、③視覚障害者のやりやすさに留意していくことが大切です。

　街を歩くときこそ、同行援護従業者の基本は何かという原点に立ち返ってガイドをすることが重要なことです。また、当然のことですが、街を歩く場合には、自分たちの周囲の環境をしっかりと伝えます。「天気がいい」だけではなく、今どんな所を歩いているのか？

道幅は？　どんな建物があるのか？　街にどんなポスターが貼ってあるのか等々、必要な情報提供は常に行ってください。また、一つひとつの技術の項でも述べられていますが、街を歩くときには、特に、「なぜ、今こうした行動をとるのか」を明確にできる情報提供を心がけてください。

■実技のポイント
・歩く環境は基本技能をさらに高めるため、歩車道の区別のある・ない、信号機のある・ない横断歩道、段差の異なる階段、人通りの多い・少ない、踏切、公共建物の出入りなど、演習コースを選定して行う。

(1) 歩道上の歩行

　歩道は「歩く人」の「道」にもかかわらず、実際は多くの自転車が行き交います。また、建物から道路に出るために進行方向と直角にスロープがあったり、段差があったりと、さまざまな環境への注意が必要になります。

① 自転車等への注意

　自転車や電動キックボードなどは音もあまりない状態で行き交っています。前方から来るときはいいのですが、後方から来るときは、事前に接近してきていることを知ることはなかなか難しいです。そのため、同行援護従業者は、当然のこととして、時々後ろにも注意を払っておく必要があり、状況によっては、よけて自転車が通り過ぎるのを待つ必要もあります。その際は、基本的には自転車が同行援護従業者側を通るようによけることが望まれます。よけることについては、前方から自転車が来る場合も同様です。

② 段差への注意

　歩道を歩くときは、歩道を歩かないときに比べ、坂道や段差がどうしても多くなります。意外と気がつかないのが、建物から車道に出るために坂道になっている場所で、同行援護従業者と視覚障害者では段差の高さが異なりますので、しっかりと視覚障害者の足元を確認することが必要です。
　また、横断歩道を渡った後に歩道に上がる場合には、下り坂から低い段差があって、その後に上り坂になるというように、さまざまな要素が複合的に現れてきます。言葉による情報提供はもちろんですが、しっかりと視覚障害者の足元を確認しながら歩くことが大切です。歩道のどちら側を歩くのか、歩道の建物側を歩くのか、それとも道路側を歩くのかは、実際の環境で異なってきますが、向かってくる人から視覚障害者を守る立ち位置を意識することが必要です。また、歩道にはみ出したりしている看板などにもぶつからない配慮が必要です。

③ 横断はどうすればよいのか

　横断歩道や横断歩道がないところを渡らなくてはならない場合においても、道路に直角に、つまり最短距離の横断を心がける必要があります。
　横断をする場合は、横断をする旨をしっかりと伝えて、いったん止まります。ここで、

何車線の道路なのか、車の往来はどの程度なのか等、道路の状況等を必ず伝えます。もし事前にわかっているようであれば、横断するために立ち止まる前に伝えることも必要です。

　また、前述したように歩道から車道に下りるときの状況や、逆に車道から歩道に上がるときの状況等も伝える必要があります。段差だけでなく、スロープになっている箇所が多くなっているのが現状です。

　横断を待つ場合は、あまり後ろに下がって待たず、警告ブロックのあるあたりで待つようにします。

　歩道の歩行では横断だけでなく、歩道が切れたり、路地を横切る場合等、段差が低くて、気づかずに通り過ごしてしまう場合もあります。

　視覚障害者は頭の中で地図を描いている場合もありますので、路地や歩道の切れ間は、地図上での目印になっている場合もあります。必ず、情報として伝えることが大切になります。

(2) 歩車道の区別のない道路の歩行

① どちら側を歩くのか

　縁石（境界ブロック）や段差のある歩道がない場所には、路側帯といわれる歩行者ゾーンが設置されていることが多いようですが、路側帯があろうがなかろうが、同行援護従業者が車側を歩き、視覚障害者が道路の端側を歩くという形態が一般的です。しかし、建物側に障害物が多かったり、道路の端の側溝にきちんと蓋がしていなかったり、また、極端なかまぼこ型の道路で、道路の端の傾斜がきついような道路では、状況によっては位置が入れ替わることもあります。ただ、その場合もわざわざ持ち手を替えるということではなく、元々の立ち位置をとったうえで、道路の右あるいは左へ歩く側を変えるという選択もあります。

　視覚障害の方で、日常的に白杖を携帯されている場合、右手で持っている杖を左手に持ち替えるというのは、そんな容易なことではありません。立ち位置を変更するか否かは、事前に視覚障害者に確認をしておく必要があります。

② 横断はどうすればよいのか

　歩道の歩行と大差はありません。ただ、歩道のない道路を歩いている場合、反対側に渡ろうとするときに、横断歩道ではないところを斜めに渡ってしまう傾向が、よく見られます。歩道の歩行同様、危険を避ける方法を必ずとるようにします。

　歩道の歩行、歩道のないところの歩行、いずれの場合も周囲への注意は大切なことですが、後ろを見る場合でも、同行援護従業者は肩を動かさずに首から上の動きだけで、後ろを見るようにします。同行援護従業者の説明できない動きは視覚障害者の方にとって無駄な動きが不安につながります。また、その場その場の判断での歩行ですと、あわててしまうことも多くなり、視覚障害者を危険にさらす状況もでてきます。できるだけ先を予測しての歩行を心がけます。特に、段差や狭いところの通過、水たまりや溝、さらには落ち葉や金属製のマンホールの蓋やグレーチングなどで滑りやすくなっている場所などがある場

合は、どのルートをとることで、より安全に移動できるかを常に考えておきます。

(3) 天候による対応

① 雨の場合

同行援護従業者が傘を持つのが基本です。視覚障害者が握っている肘側の腕で持つことで歩きやすくなります。

一緒に持つ場合や、視覚障害者自身が持つ場合もありますので、状況によって対応します。二人分は入れる傘を用意する、必要に応じてレインコートなどを着用するなどして雨量に対応します。水たまりなどの路面状況を把握して歩きやすいルートを選びます。

② 雪の場合

傘をさす場合と、ささない場合があります。フードつきのコートや防水加工などの上着や靴を着用します。雪の状況によっては滑りやすい路面などがありますので、しっかりと路面状況を見てルートを選びます。事前に天気予報などで確認して用意しておき、通常よりもゆっくりと歩くと安心です。

時間帯（朝昼晩）による日陰や日向の切り替わり場所、建物のそばを通る場合はつららや落雪・融雪に注意します。

(4) 踏切の利用について

踏切の利用については、基本的には避けたほうがよいと考えています。踏切以外の別のルートが選択できるようでしたら、そちらを選択するほうが望ましい場合もあります。しかし、どうしても踏切を利用しなくてはならない場合は、以下の項目に注意して利用するようにします。

① 事前の確認事項

警報が鳴っていない場合でも、左右をしっかり確認し、例えば、隣の踏切の警報が鳴っていないか等の確認をしておきます。

さらに、踏切の長さや、何本の線路を横断するのか、踏切内の路面の状況はどうかを渡る前に情報提供します。特に、踏切内の路面が大きくうねっているような場合は、確実に伝えておく必要があります。また、最近は踏切内に視覚障害者誘導ブロック（踏切道内誘導表示）が整備されはじめています。

② 実際の横断

基本的には、「またぐ」動作を採用しますが、線路をまたぐときは停止せずに進みます。この際は、必ずまたぐことがわかる声かけをし、同行援護従業者の前の足は極力線路に近づけるようにし、視覚障害者の足と線路との距離が離れすぎないよう配慮します。また、視覚障害者の足元をしっかりと見るようにします。白杖を持っている場合、杖先が線路と路面との間に挟まり、抜けなくなるなど危険な場合も想定されますので、視覚障害者にそ

の旨をしっかりと伝えてください。渡り終わったら、その旨を伝えてください。

　頻繁に利用する踏切の場合は、警報が鳴ってから遮断機が閉まるまでの時間等を確認しておくなどの準備をしておきます。横断途中に警報が鳴りだした場合、そのまま渡りきるのか、戻ったほうがいいのかの判断も重要です。状況により異なりますが、引き返す場合は、Uターンそのものに時間をとられることも考慮しておいてください。さらに、どちらの方向から列車が来るのか、踏切についている矢印で確認しておくことも同様に重要なことです。

図表 I-10-3　踏切道内誘導表示

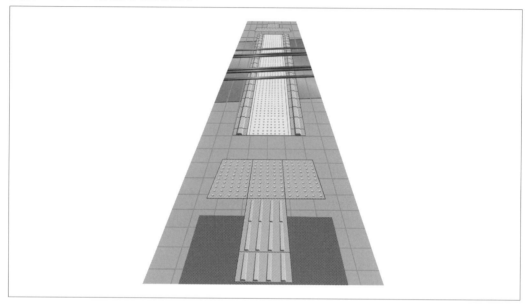

(5) グレーチングについて

　グレーチングとは金属製の溝の蓋で、排水がスムーズになるよう、格子状になっているものをいいます。

　金属製のものは、基本的には濡れたときなど滑りやすくなりますので、その上を連続的に歩いていくことは避けたほうが安全です。ただ、視覚障害者のなかには、グレーチングの存在を、場所を知る手がかりとしている場合もありますので、存在そのものについては伝えてください。また、白杖を所持している場合、杖先がグレーチングの溝に落ちて、杖が折れることもありますので、事前にグレーチングの存在を伝えることが大切です。

(6) 混雑時の歩行について

　混雑したところを歩くときは、事前にその旨を視覚障害者に情報提供しておくことは基本です。実際に歩行する際は、人を避けるようにジグザグ歩いたりはせず、平素よりスピードを落として、そのペースを維持しながら、人の流れに乗るようにします。常に先を見て、危険を避けることができるルートを選択するようにしてください。時には止まって、人を待つことも大切です。

対向してくる人の流れからは、視覚障害者を守るような位置取りも心がけてください。また、混雑時は同行援護従業者も足元が見えにくくなりますので、いつも以上に足元の確認をしてください。

(7) さまざまなドア

　ドアにはさまざまな種類があるため、ドアの通過に当たっては、どんなドア（引き戸も含めて）であるかを必ず伝えるようにします。

　劇場のドアなどでは、重いために腕だけでは押さえていられない場合もあります。体全体を使ってドアが戻ることを止めなくてはならない場合もあります。また、回転ドアのように一人しか中に入れないような場合もあります。

　ドアの通過を一概に記すことは難しいのですが、常に視覚障害者の安全を確保するにはどうしたらよいかの観点からドアの通過を行います。

　最小限の基本を示すならば、視覚障害者の体の向きを不必要に変えたり、動かさないこと、常に同行援護従業者が視覚障害者の足元を確認しておくことがより重要になります。

(8) さまざまな階段

　基本技術で行った階段昇降ではなかなか対応できない階段も少なくありません。例えば、螺旋階段や一段一段の高さが異なる階段、進行方向と階段の段の向きが一致していない階段、段の端が弧を描いている場合等があげられます。

　いずれの場合も、階段の段には直角に近づくことを原則とします。段の端が弧を描いているような場合も同様ですが、視覚障害者の足を中心に直角を考えてください。また、こうした不規則な階段の場合は、一段一段足元を確認しながらの昇降でも十分です。階段の形状等を十分に情報提供したのち、どのように昇降していくか、視覚障害者に確認してください。

　これは螺旋階段についても同様ですが、螺旋階段の場合は、さらに内側を昇降するのか、外側を昇降するのかについては、段の幅等によって、異なってきますので、事前の情報提供をしっかりと行ったうえでの確認が求められます。

第2節 場面別支援技術　　免除科目

【本節の内容】
・病院・薬局、買い物、行政窓口、金融機関、会議・研修・余暇活動（コンサート・映画・カラオケ・スポーツ観戦）・冠婚葬祭の場面別支援技術

■実技のポイント
・各場面を想定してイメージ化し実践を行う
・屋外での実技指導に適した場面を設定しておく
・いずれの場面も視覚障害者のルートを基本に伝える
・同行援護従業者の立ち位置と視覚障害者が主体であることの意識を高める

1　病院・薬局の支援

（1）病院

　医療機関は個人病院と総合病院では支援は異なりますが、いずれも個人情報を取り扱っていることを忘れてはいけません。また建物の規模などによってもいくつもの部屋を行き来する場合もありますが、そのすべてに同行が基本です。ただし視覚障害者が希望しない同席もありますので、本人に確認します。

①　事前に確認する内容

　同行援護従業者は、視覚障害者が継続して治療しているのか、リハビリテーションなのか、突発的な体調不良か、予約のみか、薬の受け取りだけなのかなど、通院の目的をあらかじめ事業所に確認しておきます。

②　通院の支援

　病院へ到着後、受付、診察室、待合室などの場所の確認をします。
　待合室では空席があれば着席し待機します。混雑時は視覚障害者から離れた場所で待機することもありますが、見守れる位置やすぐに近寄れる場所で待つようにします。
　初診の場合は問診票を記入するなどの代筆や代読の支援がありますが、周囲に配慮しながら小声で行うなど、個人情報の取り扱いに注意します。
　待ち時間の合間に、待合室の状況や壁・告知板に貼付してある紙面などの情報提供を行います。
　診察の際、番号や氏名、どのような方法で呼ばれるかも確認しておき、聞き逃しのないようにします。必要に応じてトイレや売店などへ案内します。

③ 診察室、検査室での支援

　診察室内や検査室などへの移動は、基本的には病院スタッフが行いますが、病院スタッフでは支援の内容に不安を感じるなどで視覚障害者が希望する場合は、同行援護従業者が行います。その際は医師や病院スタッフに同行援護従業者であることを伝え、家族等に間違われないようにします。診察室内で同席するかどうかは視覚障害者に尋ねておきます。別室等で待機する場合は病院スタッフに一言伝えておき、診察等が終了したら呼んでもらうようにします。

④ 入退院等の支援

　入院手続きや退院手続きなどの代筆や代読をはじめ、入院中の一時帰宅など、入院等に係る支援が必要であれば同行援護従業者で行います。手術の同意書など、人命にかかわるものには基本的に代筆はしませんが、例外的な対応については事業所に判断を仰ぎます。

(2)薬局

　院内で診察後、会計とともに薬の受け取りと説明が行われる場合は、必ず受付の方が視覚障害者と直接対応ができるように、担当者と視覚障害者の位置取り、説明がわかりにくい場合の補足などをします。視覚障害者が服薬の方法などを忘れてしまうなどの場合もありますので、必要事項を記録しておきます。

　院外処方の場合は、処方箋受付薬局で受け取ります。最近はお薬手帳などでかかりつけ薬局が薬の管理をしています。わかりやすい袋やしるしなどをつけてくれる薬局もあります。そのしるしを知っておくと支援に有効です。場合によっては同行援護従業者が薬局内で薬等を分ける支援を行うこともあります。

2 買い物時の支援

　買い物は、同行援護利用の多い内容です。さまざまな買い物がありますので、事前に事業所に依頼内容を確認しておきます。そのうえで店舗を事前に調べておくか、店員などにその場で確認するようにします。

　売り場では、陳列の商品にぶつかったりしないよう、気をつけて移動します。商品の場所を見つけ、説明を行います。必要な情報として価格、サイズ、色、柄などをイメージしやすいように伝えます。触れられる商品は、触れてもらいます。食品などの場合は賞味期限や消費期限、内容量、原材料だけでなく、見た目の鮮度なども伝えます。また、特売品など表示してある情報などを伝えます。商品の説明の際、同行援護従業者の主観を入れてはいけません。

　視覚障害者から商品について尋ねられたとき、わからないことはあいまいにせず、店員に尋ねます。その際、店員が視覚障害者に直接対応するように心がけてください。

　支払いについても店員と視覚障害者の間で行われるようにし、品物の受け渡しや金銭の

授受を同行援護従業者が代わりに行わないようにしましょう。なお、視覚障害者に依頼された際は最小限の支援にします。

また荷物の取り扱いについては、原則、視覚障害者が荷物を持つことになりますが、年齢や状況などによっては同行援護従業者が持つことがあります。その場合でも安全に支援ができる状態にすることが大切です。

図表 I-10-4　レジへの誘導

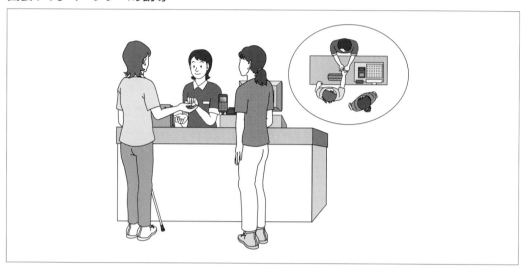

3　行政などの窓口での支援

行政機関などの窓口、受付などのカウンターにおいて、窓口担当者が視覚障害者と直接対応できるように支援します。

特に個人情報を取り扱う場面が多くなりますのでくれぐれも注意します。

書類の受け渡しや担当者とのやりとりなどは、視覚障害者に対して行ってもらうように配慮します。その際に同行援護従業者は隣にいるのか、後方で見守るかは視覚障害者に尋ねておきます。

やりとりする場合は、窓口担当者と対面する位置に視覚障害者を誘導します。

窓口担当者が代読や代筆することが基本ですが、視覚障害者の希望で同行援護従業者が行う場合もあります。

4　金融機関での支援

金融機関での支援は、金銭やキャッシュカードなどを取り扱うため、どのような支援を行うかをすべて明確にする必要があります。あいまいな言動をすることは不信感を与えることになります。

図表 I-10-5　窓口への誘導

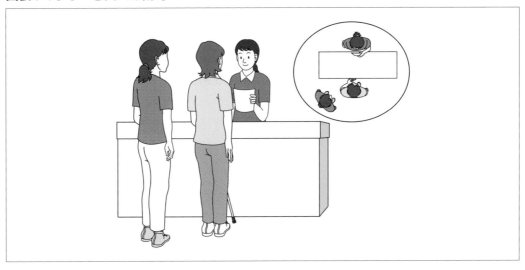

　視覚障害者の同意のもと、できるだけ行員に同席してもらうことで不要なトラブルが避けられます。その場合は必ず担当者の名前などを記憶しておきます。また当然ですが守秘義務を完全に履行し、金銭等は原則視覚障害者の自己管理となります。

(1) 現金の取り扱い

　頼まれない限りは支払いなどに関与しないほうが望ましいですが、依頼されてお金を預かる場合は、視覚障害者の手の内にある間に、「1000円ですね。お預かりします。」などとはっきり伝えてその金額を双方で確認し、その後受け取ります。釣銭などを返すときは、金額を声に出して視覚障害者の手に渡します。その際に「1000円札が2枚、100円玉が3枚、10円玉と5円玉が1枚ずつです。」などと金種と枚数を伝えながら、紙幣と硬貨は別々に受け渡しをすると確認しやすく、かつ財布に入れやすくなります。行員が視覚障害者に渡しているときは視覚情報としてその様子を伝えます。

(2) ATMの操作

　キャッシュカードでの引き出しなどは、ATMで行う場合と窓口で行う場合がありますが、ATMで行う場合は、まず周囲の状況を伝えます。
　支援するなかでは、暗証番号や残額、振込金額などさまざまな情報を知り得ることになりますが、同行援護従業者は記憶しないようにします。
　ATMについては、同行援護従業者は依頼されない限り操作は行いません。
　依頼された場合は、事業所の取り決めに従いカードを扱いますが、基本的な操作手順は次を参考にしてください。

① 　カードの挿入

　カードを持っている視覚障害者の手に同行援護従業者の手を添え、挿入口に誘導します。その際カードの向きなどを確認します。また、通帳の挿入などもカードと同様に行います。

② 暗証番号や数字・金額などの入力

多くがタブレットのタッチパネルです。入力する場合、視覚障害者から聞きながら同行援護従業者が入力することもあります。数字を聞くときは周囲に配慮しながら小声で行いますが、手のひらに書く、耳元で伝えるなど、他者にわかることのないようにお互いに確認し合える方法を見つけておくことも有効です。

通帳の内容や残額など必要であれば伝えますが、守秘義務を履行します。

③ 金銭の預け入れ

預け入れる場合、紙幣および硬貨挿入口に手を添えて誘導します。入金額の自動計算後表示された金額を伝えます。

④ カードの取り出し

カード挿入口まで手を添えて誘導します。明細は必ず発行手続きをしておき、受け取ってもらいます。

⑤ 現金の取り出し

視覚障害者の手を現金受け取り口まで誘導して本人に直接取ってもらいます。その場で確認しながら封筒あるいは財布に入れてもらい、その後それをどこにしまわれたかを声に出しお互いに確認すると安心です。確実にバッグに入れたところまで確認しておくと、視覚障害者の思い違いがあったときに役立ちます。

⑥ 明細書の代読と処理

明細書はATMから離れた場所で代読します。その後、不要な場合は備え付けのシュレッダーに入れて処分しますが、できる限り持ち帰ってもらうように促します。

5 会議・研修など

会議や研修などの内容によっては服装などに配慮する必要があります。

会場内では出入り口、部屋の広さや机などの配置のほか、出席者の性別や年齢層を伝え、資料など代筆や代読を支援します。その場では周囲に配慮して視覚障害者だけに聞こえるようにします。また、会議中同席するかどうかも事前に確認しておきます。

式典などで壇上を移動する場合は、立場によって主催者と打ち合せを行い同行援護従業者の役割を確認しておく必要があります。演台やマイクの説明と誘導、誘導後の待機場所などを決めておきます。

6　余暇活動

　視覚に障害をもっていても、余暇活動を含め、外出は重要な楽しみの一つです。さまざまな場面での情報提供により、外出することが楽しみになります。いずれの場合にも必ず非常口などの位置を確認しておきます。

(1) コンサート

　会場までの道程は多くの人でにぎわいます。こうした雰囲気も合わせて情報提供することが大切です。また、同時に白杖などが引っかからないよう、人の動きに意識をします。売店など楽しみになりますので大まかに説明した後は希望された店舗へ誘導します。事前にトイレ等を済ませるか確認して、会場内に入ります。

　また電子チケットなど多様にありますので確認しておきます。

　座席は会場ごとに設置位置が異なりますので、不明な点は係員などに聞きます。会場内の照明は暗いことが多いので、足元のコードや段差に注意して移動します。

　必要に応じて会場内や周りの様子、舞台上の装飾、出演者の様子なども伝えます。

(2) 映画

　チケット売り場、売店などの情報提供を行います。次回上映などの事前情報も楽しみの一つですので情報提供を行います。また上映前にトイレなどを済ませておかれるか確認します。チケットの半券などは途中で再入場の際に必要となりますので、どこにしまわれたかも確認しておくと安心です。チケットの発券など支援が必要な場面もあります。

　会場内は暗く段差がありますので、ゆっくりと移動します。通路が狭いことが多く、説明が必要です。座席に着いたら、肘置きやカップホルダーなどの設備、周囲に人がいるかなどを説明します。

　音声ガイド付き映画でないものは、周囲に配慮しながら耳元で情景を簡潔に伝えます。

(3) カラオケ

　カラオケでは個室であることが多く、飲食についても気軽に頼めるとして利用されることが多い外出の一つです。

　飲み物はドリンクバーのようになっていて自由に飲めるところや、メニューの説明後、内線などで頼むところがあります。

　視覚障害者がカラオケで困ることは、曲の選択と機器への入力ですので、同行援護従業者が支援します。歌いたい曲をおおよそ決めている場合は、歌手やジャンルなどで選曲していくとスムーズです。時間が決められていることもあるので、機器操作などで不明なことがあれば、店員などに確認してスムーズに行えるようにします。

　歌詞を記憶している人や、点字などで歌詞カードを持参する場合もありますが、歌詞の読み上げが必要な場合は、隣に立ち耳元で、分かりやすいはっきりとした声でワンフレーズ早く歌詞を読み上げていきます。

(4) スポーツ観戦

　野球やサッカー、相撲など多くのスポーツの会場に足を運び楽しむ視覚障害者も多く、同行援護従業者の適切な情報提供によって、楽しみは倍増します。

　会場までの道程や、周囲、会場内などの説明はこれから観戦する気分を盛り上げる情報にもなります。

　グッズの販売や飲食店なども移動しながら情報提供して会場の雰囲気を伝えていきます。指定席などの場合は全体のどの位置にいるのかも伝えておきます。観戦中も試合状況について情報提供します。

7　冠婚葬祭

　大切な行事であることから多くの視覚障害者は自身の動きに不安をもっています。同行援護従業者は、それぞれの地域のルールや典礼に則り支援する必要がありますが、不慣れな場所や不明な点が多いのも事実です。あわてずに周囲の状況などを確認しながら行動します。

　また服装などは状況を理解し、支援をする際に支障がないようにします。

(1) 結婚式

　席次を受付で確認後、案内に従って着席します。部屋や他テーブルの配置、司会者など周囲の出席者の状況を伝えます。また運ばれてくる料理などの説明はもちろん、場の雰囲気を踏まえた支援が必要です。

　セレモニーの流れや新郎新婦の様子などを伝え、お祝いする気持ちをもって情報提供します。

(2) 通夜・葬儀

　周囲への配慮をし、声が大きくならないように視覚障害者が確認できる声で行います。同行援護従業者はあくまでも仕事であることを自覚したうえで焼香などその場の状況に応じて対応します。

　式場の名称や式場内の様子、遺族へのあいさつなども必要に応じて支援しますが、式場スタッフなどに聞き、失礼のないように行います。

　順序として着席から焼香台までの移動、遺族や参列者等へのお辞儀など、他の参列者がどうやって行っているのか情報提供するなどして支援します。その際には声の大きさに注意して行います。

第11章 交通機関の利用

本章の目的 | 交通機関の乗降練習等を通して、移動支援技術を習得するとともに、乗車中の留意点を理解します。

1 電車の乗降

電車の乗降には、切符の買い方や改札口の通過の仕方、さらにはホーム上の移動も含めて考えることが重要です。

■実技のポイント
・事前に鉄道会社に依頼
・始発駅などの自動券売機、改札機、ホームの移動、停車中の車両で行うなど安全に配慮する
・他の乗客の迷惑にならないように配慮する
・実技場所までの移動時間を考慮する

(1) 切符等の買い方

切符やICカードは、どちらが買うのか必ず事前に視覚障害者への確認が必要です。視覚障害者が、自分で買うということであれば、券売機の正面へ誘導し、紙幣や硬貨の投入口、ICカードの挿入口や、切符が出てくるところ等を知らせます。券売機によっては、テンキーを利用することで、音声による案内がされるものもありますが、音声がでない機械の場合は、さらに料金のボタン等の説明も必要になります。

同行援護従業者が買う場合は、視覚障害者にどこで待っていただくのか、配慮が必要です。視覚障害者を空間に放置してはいけません。柱や壁に触れていただくか、券売機で並んで購入する等の配慮が求められます。

いくらの切符を買うのか、今何円入れて、おつりがいくらか等については、しっかりとした情報提供が求められます。

(2) 改札口の通過の仕方

自動改札機がいくつか並んでいる場合は、少しでも広いところを通る方が容易です。基本的には同行援護従業者が先に通りますが、先に通りたいという方もおられますので、これも確認が必要です。視覚障害者のやりやすい方法を前もって確認しておきます。

同行援護従業者が先に通る場合は、狭いところを通る方法で通過します。切符についても、同行援護従業者が持つのか、それぞれが持つのか、事前に確認しておきます。視覚障害者が切符を通す場合は、切符を持っている手を切符の投入口に誘導します。ICカード

の利用をする場合はしっかり読み取り部にタッチできているか確認し、残金がわかる場合はそれもお伝えします。

(3)ホーム上の移動について

　ホームドアなどがない場合は、線路と平行にホーム上を移動するときに特に注意が必要になります。基本的には、線路側を同行援護従業者が歩きます。ホームの中央に階段等があり、ホームの端との間が狭くなっている場合には、細心の注意を払います。視覚障害者は多くの場合、誘導の手の持ち換えは望ましくないようですが、同行援護従業者が線路側に立つように希望された場合は遠回りでも反対側に移動することも含め対応します。誘導されている手を持ち替えて反対側の手で、同行援護従業者の肘をつかむことを希望されたらそのように対応します。

図表 I-11-1　ホームドア

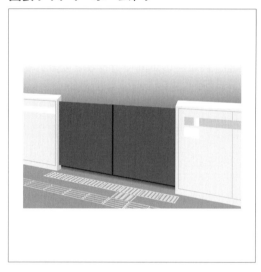

図表 I-11-2　電車への乗車①

(4)電車の乗降

　電車を待つときは、他の乗客同様、列に並びます。降車する方が、視覚障害者とぶつからないような位置（ホーム縁端警告ブロックの手前）で待ちます。
　乗降については、「またぐ」という基本動作の応用編と考え支援します。

① 乗降の流れ

① 階段等と同様に、電車に向かって直角に近づき、ホームの端のぎりぎりの所で同行援護従業者が両足をそろえて止まります。
② 同行援護従業者は、電車とホームの間隔や電車の床面とホームの高低差、電車の混み具合等の情報を伝えます。
③ 視覚障害者にホームと電車の間を確認しやすい位置まで来てもらいます。乗車の仕方は、事前に視覚障害者に確認しておきます。白杖を使う方のなかには、白杖でホームと電車の間を確認して、その後、電車の床を白杖、あるいは足で確認される方もいますが、

そうしたやり方については、視覚障害者に任せるようにし、同行援護従業者から確認の方法についての指示は出さないようにします。

④　ホームの端で止まったら、同行援護従業者は視覚障害者と反対側の足を電車に乗せ、ホームと電車の隙間をまたぐ姿勢をとります。この際、同行援護従業者は重心を前に移さないようにします。

⑤　視覚障害者の空いている手、あるいは白杖を持っている手を車体や手すりに誘導することもあります。安全を確認できたら「乗ります」の声かけと同時に同行援護従業者は重心を車体にかけた足のほうに移動し始めます。この際、同行援護従業者の後ろ足は、視覚障害者の足が両方とも電車に乗ったことが確認できた段階で、電車に乗り込みます。一連の動作では、常に視覚障害者の足元を正しい姿勢（肩を大きく動かさない）で見るようにし、体の向きが大幅に変わることを避けます。

⑥　乗車した後は、速やかに移動し、座席や手すり・つり革に誘導します。座る場合は、座席の形状等や隣に座っている人等について、しっかりとした情報提供をするとともに同行援護従業者がどこにいるのかも伝えます。また、隣が空いていれば、同行援護従業者も座ることで視覚障害者が乗車中の様子などの情報提供を受けやすくなります。

⑦　乗車中の車外の様子も情報提供の一環として伝えていきます。また、降りる駅が近くになったら、その旨も伝えます。遅くとも一つ手前の駅に着いたときにはお知らせするのが適切です。

⑧　降車の時は、できれば停車後、降車口の端まで進みいったん止まり、手すりなどを伝えるとより安全です。同行援護従業者は視覚障害者に車両の端やホームの確認を促します。確認ができたら、視覚障害者とは反対側の足をホームに置きます。この際、同行援護従業者の肘はどうしても前に出ますので、視覚障害者には前もってそのことを伝えておきます。

⑨　「降ります」の声かけで、同行援護従業者はホームに降ろした足に重心を移動し降ります。視覚障害者がホームに両足を降ろしたことを確認できた段階で、ホームに降りいったん止まります。その後ホーム縁端警告ブロックを横断するまで進みます。

❷　乗降時の注意点

①　降車の際、両足がホームに降りたとき等には、必ず視覚障害者の足元を見るようにします。
②　乗車や降車の際、車両に触れることを希望する視覚障害者については、同行援護従業者をつかんでいる手と反対側の手を手すりや車体の端に誘導します。
③　乗降時には、常に同行援護従業者は自らの体の向きが進行方向をしっかりと向いていることを意識します。
④　車内の移動時には同行援護従業者は手すりなどにつかまりながら移動していきます。

　電車には、さまざまな種類があります。基本的な動きそのものは同じですが、雪の多いところを走る列車のように、乗降口にステップがある場合や、出入口が二人並んで通りづらい場合、開閉のボタンなど、他の要素が入り込んでくることも少なくありません。
　どんな場合も「円滑に」ではなく、「一つひとつ着実に」手順をこなしていくことが必

要です。また、その場に合った情報提供が重要です。もちろん基本にあるのは、視覚障害者の安全、安心であることはいうまでもありません。

図表 I-11-3　電車への乗車②

図表 I-11-4　電車からの降車

2　バスの乗降

　電車の場合と同様、バスにもさまざまな形状があります。観光バスのように、入口と出口が同じもの、複数のドアがあるもの、前乗り後ろ降り、またはその反対。乗降口のステップも一段しかないものから複数あるもの等、地域やバスのタイプによって大きく異なります。

　また、バス停の種類もさまざまで、歩道上にあるもの、歩車道の区別のない道路上にあるもの等、事前に情報を提供しておかなくてはならないことが数多くあります。

　さらに、視覚障害者によってバスの乗り方も違ってきますので、事前に確認することが必要です。例えば、手すりに手を誘導することで、その後は一人で乗られる方もいます。ただ、どんな場合でも、安全を基本として乗降を行うことはいうまでもありません。

　なお、ここでは、同行援護の基本形のままでのバス乗降を紹介します。「階段の昇降」の応用と考えます。

■実技のポイント
・事前にバス会社に依頼
・始発、ターミナルなどを利用し、自動券売機、乗り場への移動、停車中の車両で乗降を行うなど安全に配慮する
・他の乗客の迷惑にならないように配慮する
・実技場所までの移動時間を考慮する

① 乗降の流れ

① バス停では乗車するバスの種類、支払いなどの方法などを確認しておきます。
② バスが接近してきたら、行き先や系統番号、わかる範囲で車内の様子（混んでいるのか、座れそうか等）を伝えます。また接近してくるにあたり動かないで待ちます。
③ バスが停車したら、入口に対して直角に接近します。
④ ドアぎりぎりの所で止まり、ステップの状況（ノンステップなのかそうでないのか等）を伝えます。
⑤ 視覚障害者の空いている手、あるいは白杖を持っている手を車体や手すりに誘導します。
⑥ 同行援護従業者は視覚障害者と反対側の足をステップの端より少し奥に乗せ、視覚障害者に足あるいは白杖でステップを確認してもらいます。
⑦ 乗り込む準備ができたことを確認したら、乗車します。
⑧ 乗車した時点でいったん停止します。
⑨ 車内を移動する場合は、視覚障害者をポールやつり革にぶつけないようにし、特に狭い場所では、ぶつかりそうな場所に触れてもらいながら移動する等の配慮が必要になります。空いている座席やつり革・手すりへの誘導もします。
⑩ 車外の様子も情報提供の一環として伝えます。降りるバス停が近づいたら、その旨も伝えてください。遅くとも一つ前のバス停に着いたときは、お知らせするのが適切です。
⑪ 降車の場合は、出口に向かって緩やかな下りスロープとなっている場合もありますので、しっかりとした情報提供をします。また、降りる場所が歩道上なのか、特に縁石についてはその有無や距離感は必ず伝えます。
⑫ 出口のステップに直角に接近し、ぎりぎりの所で止まります。
⑬ 視覚障害者がつかんでいる手と反対側の手を手すりや車体に誘導します。
⑭ ステップの端を足あるいは白杖で確認していただきます。その後同行援護従業者は視覚障害者と反対側の足を下ろすことを伝えて下ろします。
⑮ 視覚障害者のタイミングで下りていただく旨伝え、同行援護従業者は後ろ足をバスの中に置いた状態で待ちます。
⑯ 視覚障害者が両足を下した段階で、同行援護従業者も後ろ足を下します。
⑰ 降りた後は、バスからできるだけ離れるようにし、安全を確保してください。
⑱ 乗車時、降車時を問わず、一つの動作が完了した時点で、同行援護従業者は視覚障害者の足元をしっかりと見て、いったん止まるようにしてください。

② 乗降時の注意点

バスの乗降については、乗車時、降車時のどちらか、あるいは両方で、必ず運賃の支払いという動作（ICカードも含む）が必要です。その際は動きながら行うということではなく、しっかりと立ち止まって、運転手とのやりとりを確認しながら行うようにします。また、ある程度の事前の準備も行っておきます。

また、カード残額なども確認し伝えます。チャージをする場合は、停車中に行います。

3 車（タクシー等）の乗降

　タクシーや福祉有償運送などの車への乗車にあたっては、基本的に視覚障害者が先に乗っていただきます。同行援護従業者も一緒に乗る場合は、視覚障害者が乗車後、奥に移動していただくか、それが難しい場合は同行援護従業者が反対側に回って乗り込むようにします。

■実技のポイント
・普通乗用や軽乗用など車両を用意する
・駐車場などに配置し、車両までの移動、ドアの開閉、乗降、ベルトなどの着脱の支援を行う
・バス会社がタクシーなどを運営している場合もあり、バスとタクシーを並行して行うこともある

① 乗降の流れ

① 車の形状（ドアの数やワゴン車なのか等）や、どちらが前なのかを伝えます。
② ドアは同行援護従業者が開けるのか、視覚障害者が開けるのか確認しておきます。
③ 乗車の際は、頭をぶつける可能性があります。ぶつける場所として考えられるのは、ドアと乗降口の上部です。したがって、この部分に視覚障害者の手の甲を誘導することが必要になります。
④ ドア、天井に手の甲を誘導したのち、言葉による情報提供をして、シート（座面や背もたれ）を確認していただくとより乗りやすくなります。
⑤ 頭から車内に入るより、先に腰を車内に入れ、シートに座る状態になったほうが、より乗りやすくなります。ただし、ワゴン車の場合は、足元のステップの確認が必要になりますし、シートの位置が高いので、シートに手の甲を置きながら乗車していただいたほうが乗りやすくなります。
⑥ ドアを閉める際には、視覚障害者がドア側にいる場合は、視覚障害者の手などがドアに挟まれないよう、確認をしてゆっくりと閉めます。
⑦ 降車の際は、同行援護従業者が先に降ります。同行援護従業者は自らの立ち位置に注意をし、視覚障害者のどちらに立って支援していたかを考え、ガイドヘルパーの腕が視覚障害者に近くなるような立ち位置をとると、より支援しやすくなります。
⑧ 降車時は、座った状態でドア側を向いていただき、その後に、乗車時と同じように、乗降口の上部とドアに手を誘導し、その後降車してもらいます。
⑨ 同行援護従業者は常にドアや乗降口の上部に頭等がぶつからないよう、注意を払います。
⑩ 降車後、ドアは同行援護従業者が閉めます。閉める際注意することは、安全への配慮と視覚障害者を振り回さないことです。

② 乗降時の注意点

・白杖については、車内が狭い場合に、取り扱いが苦手な視覚障害者もいます。
・状況に応じてたたむなど声かけをします。

図表 I-11-5　車への乗車

図表 I-11-6　車からの降車

4　航空機の乗降

■実技のポイント
・実際に写真などを提示し、ポイントを伝える

　航空機については、同行援護従業者が一緒に利用する場合、航空会社のカウンターまでの案内で済む場合等、さまざまです。
　航空会社によっては障害者対応のサービスを実施しています。優先搭乗ができたり、機内での配慮もあります。ただ、同行する人がいる場合、どこまで同行している人が行い、どこからは係員に頼むのか、事前に確認しておくほうがよい場合があります。
　また、飛行機の運行に関する情報は把握し伝えます。時刻どおりの運航なのか、何番ゲートから搭乗するのか等の情報は最低限必要な情報です。

(1) 同行援護従業者が一緒に乗る場合

① チェックインに必要な手続きについて事前に確認しておきます。
② 多くの航空会社は、障害者に対するサービスを行っています。航空会社のカウンターでは、視覚障害者が直接係員と話ができるよう、同行援護従業者の立ち位置に気をつけます。
③ 保安検査所では、持ち込んではいけないもの、カウンター上のトレイに出さなくては

いけないもの等についての情報を伝えます。
④ 同行援護従業者は、トレイの位置を視覚障害者に伝え、視覚障害者がトレイに乗せたものを確認します。
⑤ 検査機器前では、係員に視覚障害者と同行していることを伝え、指示に従います。
⑥ 検査機器の通過後、出されたトレイ上の視覚障害者の品物を、間違いがないかどうか確認します。
⑦ 搭乗口では、狭い所を通過する要領でゲートを通過します。
⑧ バス利用やタラップ利用の場合は、バス乗降や階段昇降と同じ要領で行います。
⑨ ボーディングブリッジ（搭乗橋）で飛行機に乗るときは、段差の昇降の手順で行います。
⑩ 機内の通路は狭いので、視覚障害者がいすなどにぶつからないよう、また荷物が他の乗客に当たらないよう、配慮をします。
⑪ 荷物を上部の荷物入れに入れるか否かは、事前に確認しておきます。また、入れない場合の荷物の置き場所について、正しく置かれているかどうか確認します。
⑫ いすに座るときは、荷物入れが開いていないかどうかを確認し、頭をぶつけないようにします。
⑬ シートベルトの位置を伝え、場合によっては手を誘導します。その後、きちんと着けたか否かの確認をしてください。
⑭ 白杖をどこに置くか、係員に確認しておいてください。通常は座席の下や近いところに収納します。
⑮ 同行援護従業者は、自分たちの座った位置や周囲の状況を伝えます。
⑯ 降機時の移動等については、乗る場合と同じ配慮をして行います。

(2) 同行援護従業者が乗らない場合

同行援護従業者が空港までの同行である場合、事前に空港内のどこまで同行するのかを確認しておきます。航空会社のカウンターまでなのか、保安検査所までなのか、それとも搭乗口まで行くのかは、航空会社の指示にもよります。

いずれの場合でも、同行援護従業者が行うことは、前述した＜同行援護従業者が一緒に乗る場合＞を参考に行います。ただ、注意しなくてはいけないことは、支援を終了するとき、視覚障害者を空間に放置せずに、今いる場所、向き等をしっかり伝えることです。カウンターに手を触れていただく、航空会社の係員に引き継ぐ等の配慮をしっかりと行います。

5 船の乗降

■実技のポイント
・実際に写真などを提示し、ポイントを伝える

船の乗降のポイントは、「またぐ」という動作が多いことです。

　桟橋から船、さらに船内での移動等、この「またぐ」という動作をしっかりと行えるようにします。特に桟橋から船に移る場合は、「またぐ」という基本動作を踏まえたうえで、係員の手助けを得るなど、安全に細心の注意を払います。

　さらに階段や段差も通常より狭かったり、高さがあったりと異なる場合が多く、揺れている場合は手すりの位置などの確認を行うなど、安全を考えて支援します。

　また船の大きさによっては、船内を移動しているときに揺れる場合もあります。同行援護従業者もどこかにつかまりながら移動する等心がけます。

第Ⅱ編 応用課程

第1章 サービス提供者の業務

本章の目的 事業所やサービス提供責任者の役割を学び、利用者のニーズに基づいた質の高い派遣がサービス提供責任者の下で行えるようにします。

1 同行援護提供の仕組みと事業所の役割

(1) 派遣の体制

　派遣の体制づくりとして、まず事業所は指定同行援護事業者としての申請を都道府県(政令・中核市)に行うことが必要です。

　申請の際には、事業所運営の基準、人員(管理者・サービス提供責任者・同行援護従業者)に関する基準、事業を実施する建物等の基準(『障害者の日常生活及び社会生活を総合的に支援するための法律に基づく指定障害福祉サービスの事業等の人員、設備及び運営に関する基準について』(指定権者により要綱を発行))に基づいた提出書類が決められています。

　指定同行援護事業者として認められれば、事業所は必要な書類(利用者と契約する際に必要な契約書や、事業所の営業時間や派遣条件等が書かれている重要事項説明書など)を整備し、利用者との利用契約を行ったうえで同行援護サービスを提供し障害福祉サービス報酬の支給が受けられます。

　契約の際には、利用者の障害支援区分や月ごとの同行援護の提供時間(契約支給量という)などを確認し、利用者の福祉サービス等受給者証へ必要事項を記入・押印します。

　事業所は、サービス提供に際し相談支援事業所等が作成したサービス等利用計画に基づき、利用者の障害の状況等を確認し、外出ニーズを十分に聞き取ったうえで、従業者を派遣するための同行援護計画(個別支援計画)を作成する必要があります。また、同行援護計画に基づき定期的にモニタリングを行い、利用者の外出ニーズが変わる場合には計画を再度見直す必要があります。

　(※サービス等利用計画は、主に障害者相談支援専門員が作成しますが、利用者が65歳以上の場合は基本的には介護支援専門員(ケアマネジャー)が居宅サービス計画(ケアプラン)のなかに位置づけます。なお、セルフプラン(障害当事者が作成)も認められています。)

　その後、事業所は、利用者の外出希望日時および目的地等を聞き、その日時に同行援護従業者を派遣します。

　利用の終了時ごとに、サービス提供実績記録票に計画時間数および実績時間数の記載をし、利用者の確認を受けます。実績記録票は市町村へ請求するための基礎資料となるもので、毎月月末に事業所が確認する必要があります。

事業所は、同行援護の事業に関し、適切な運営ができているかを自主点検します。さらに、定期的に自治体による実地指導を受けます。また、実地指導で受けた指摘に関して修正が行われているかどうかの監査を受ける場合もあります。

(2) 報酬単価について ※章末報酬単価表

　同行援護の報酬単価は障害福祉サービス等報酬のなかの介護給付費に位置づけられており、事業所はこの報酬単価に基づき自治体に事業費の請求を行います。請求は、請求事務を一括して自治体が受託している各都道府県の国民健康保険団体連合会に対して行います。

　同行援護にかかる費用は、本来は利用者がいったん事業者にサービスに要した費用を全額支払い、その後利用者の請求に基づき、自己負担分を除いた額が自治体から戻ってくる仕組み（償還払い）となっていますが、一時的にせよ全額支払いは負担が大きいですし、手続きの簡素化という側面もあり、通常事業所が利用者に代わって自治体に請求し、受領するという方法をとります。その場合、利用者の代理で給付費を受領したという『代理受領』の通知を利用者に送る必要があります。

　事業所は、受け取った事業費で職員に対する給与の支払いや、事業所の管理・運営費とします。

　利用者負担がある場合は事業所が利用者から徴収し、領収証を交付します。なお、利用者負担がある方が複数の事業所を利用している場合には、その方の利用者負担額が月額上限金額を超えないように管理する必要があり、それを上限管理と呼びます。上限管理を行う事業所は指定権者の要綱により決定します。

(3) 事業所の役割

　事業所は同行援護従業者の確保に努め、利用者のニーズに基づいたサービスを安定供給しなければなりません。ニーズが満たせない場合は、相談支援専門員とも連携して他の事業所の紹介や、他の制度を提案する等適切な対応が必要となります。

　緊急時の対応マニュアルなどを策定し、派遣時に事故等の対応があった場合には速やかに対応ができるよう日頃から備えておく必要があります。

　また、災害時や感染症等においても利用者へのサービスの提供が停止しないよう、あらかじめ業務継続計画（BCP）の作成や訓練等を行うことも義務づけられています。

　これらのマニュアルやBCPの周知を図るため、また、普段の業務のスキルアップを図るためにも、職員への研修を実施し、サービス提供の質の向上に努める必要があります。

　また事業所の職員間（同行援護従業者⇔サービス提供責任者⇔管理者）で、スムーズな報告・連絡・相談の体制をつくる必要があります。

2 同行援護にかかわる者の役割

(1) 管理者

① 配置基準

　事業所の管理者の条件は、常勤で1人以上の配置であることです。ただし、事業所の管理上支障がない場合は、当該事業所の他の職務に従事すること、または同一敷地内にある他の事業所、施設等の職務に従事させることができることとなっています。2024（令和6）年度から、一定の条件のもと、同一敷地内に限らず兼務が可能となるよう規制緩和が図られています。

② 主な役割

　事業所の適切な運営の管理、職員の労務管理、苦情の受付・解決など業務の一元的管理です。

(2) サービス提供責任者

① 配置基準

　サービス提供責任者は事業所に、事業規模に応じて1人以上配置することとなっています。その配置基準は次のとおりです。
① 　常勤換算（当該事業所の月間延べサービス提供時間が450時間またはその端数を増やすごとに1人以上）
② 　直近3か月の利用者平均が40人に対して1人以上（常勤のサービス提供責任者が3人以上で、主として従事する者を1人以上配置の事業所は50人に対して1人でよい）
③ 　同行援護従業者10人に対して1人以上
※①〜③のいずれかの条件を満たせばよいので、それぞれの事業所にあった配置基準をとればよいとされています。
※ただし複数のサービスを行う場合は指定権者により異なる場合があります。

② 必要な資格

　サービス提供責任者は、次のいずれかに当てはまる者と規定されています。
① 　下記アからオのいずれかおよびカの要件を満たす常勤の従業者
　ア　介護福祉士
　イ　実務者研修を修了した者
　ウ　介護職員基礎研修を修了した者
　エ　居宅介護従業者養成研修（平成25年改正前の1級課程）を修了した者
　オ　居宅介護職員初任者研修の課程を修了した者であって3年以上介護等の業務に従

事した者
　カ　同行援護従業者養成研修応用課程を修了した者（相当する研修課程修了者を含む）
②　同行援護従業者養成研修一般課程（旧カリキュラムの養成研修修了者を含む）および同行援護従業者養成研修応用課程（相当する研修課程修了者を含む）を修了した者で、3年以上視覚障害者の介護等の業務に従事した者
③　国立障害者リハビリテーションセンター学院に置かれる視覚障害学科の教科を修了した者またはこれに準ずる研修を修了した者

③　主な役割

　サービス提供責任者の主な役割は、事業所における利用者に対する適正な同行援護従業者派遣の実施です。同行援護従業者のシフト等を調整して利用者に派遣するというコーディネート業務です。
　具体的には、利用者、同行援護従業者それぞれに次のようなことを行います。
＜利用者に対して＞

❶　利用契約、派遣前の確認

　利用前に利用契約を行い、利用希望の聞き取りを丁寧に行います。また、同行援護従業者派遣上の必要事項（身体状況・障害の状態・既往症・かかりつけ医・歩き方・白杖の所持・緊急連絡先など）を確認（アセスメント）します。
　派遣までに、サービス等利用計画に基づき、アセスメントした内容を加味して同行援護計画を作成します。

❷　同行援護計画について

　事業所のサービス提供責任者が、サービス等利用計画に基づき、利用者一人ひとりのサービス利用において、個別のニーズを踏まえて作成する計画のことです。サービス提供責任者は同行援護計画を立てた後、利用者（必要に応じて家族）に対して内容を説明して交付をしなければなりません。
　また、計画に変更が必要になった場合は、計画を再度見直すこと、また一定期間ごとにモニタリングをして、計画に変更がないかを確認する必要があるとされています。
　ただし、同行援護は外出支援のため、体調や天候によっては緊急的な利用の可能性は十分に考えられます。
　計画にないから派遣ができないということにならないよう、同行援護の特性も十分に理解したうえで、突発的な派遣も想定しながら対応する必要があります。

❸　同行援護従業者への申し送り

　サービス提供責任者は、派遣上の注意点についてまとめ、同行援護従業者へ引き継ぎをし、同時に、利用者に対する支援内容等の確認も十分に行い派遣当日の業務がスムーズにできるように調整をします。

❹　苦情対応

　利用者からの利用に関しての苦情等を受け付け、丁寧に聞き取りをして解決に向け話し合いをします。第三者委員会などの設置も必要です。

❺　関係機関とのかかわり

利用者が生活するうえで、サービスを複数利用している場合、その全体の利用調整を相談支援専門員やケアマネジャーが行っています。

　複数の機関がかかわっている場合、それぞれの機関における利用者に対する気づきを共有し、支援の方向性を一致させる必要があります。そのため、定期的に生活状況、サービス利用状況を確認するためのサービス担当者会議（カンファレンス）が行われたり、またかかわりの中心となる相談支援専門員やケアマネジャー等からかかわりのある事業所に対して聞き取りがあったりします。

　同行援護事業所においても、活動中の同行援護従業者からの気づきをサービス提供責任者が聞き取ってまとめ、関係者にフィードバックするということが必要となってきます。

　同行援護派遣上の課題のみならず、利用者の生活全般を通してより生活しやすい状態になるにはどのような支援が必要か等、幅広い視点でとらえることが必要です。

＜同行援護従業者に対して＞

❶　派遣に関する同行援護従業者への対応

・利用者のニーズや外出に関して場面ごとに想定できる詳細な留意事項を事前に確認し、できる限り同行援護従業者に伝え、その日の活動がスムーズにいくようにします。
・直接支援にあたる同行援護従業者の立場や思いを理解し、同行援護従業者の抱える気持ちの共有をします。また、同行援護従業者の業務の評価を行い、モチベーションを促します。また支援の方法（誘導について）などを指導します。
・同行援護従業者に職業倫理の自覚を促すとともに、同行援護従業者が利用者本位の支援をしているか、同じ利用者にかかわっている者同士でチームワークがとれているかなどチェックします。支援が難しい利用者を抱える同行援護従業者のストレスマネジメントを行います。
・法令や諸規則についても内部研修等を行い、その遵守について指導をします。
・派遣終了後、同行援護従業者からその日の利用者の様子や支援内容について記録の提出をさせ、必要に応じて聞き取りを行います。また、必要に応じて利用時の同行を実施し、利用者と同行援護従業者の外出の様子を把握します。利用者と同行援護従業者がトラブルになったような場合には間に入って調整をします。
・同行援護従業者の質の向上のため、事業所内で各種研修を実施します。その内容は多岐にわたりますが、常に支援に必要な知識や技術を向上させる観点で研修を実施する必要があります。

❷　研修・会議について

・事業所では所属する同行援護従業者に対して研修を実施する必要があります。
・全同行援護従業者を対象にする全体研修もあれば、特定の利用者にかかわる同行援護従業者に行われる個別研修など、その内容もさまざまです。

❸　現任者研修

・所属の同行援護従業者全員に対して行う研修です。最低でも1年に1回は必ず行う必要があります。
・事業所の同行援護従業者の質の向上を目的に行うもので、利用者からの声や、同行援護の制度にかかわるものについての知識を深めるために実施する研修です。

- サービス提供責任者が中心となり、日頃の利用者からの声、同行援護従業者からの声を参考に必要な研修内容を策定していきます。
- 視覚の疾病に関すること、誘導技術に関する振り返り、最新の制度情報について、など内容はさまざまです。

❹ 個別支援会議・ケース会議

- 特定の利用者にかかわっている同行援護従業者が集まって、その利用者の支援の方法などを日々の活動を振り返りながら報告し合い、またその後の方向性の確認をするために行う会議です。
- この会議において、サービス提供責任者は会議の中心となり、同行援護従業者からの聞き取りをまとめ、必要な支援の方向性を示し、かかわる者全員の認識を一致させるという役割があります。
- 参加する同行援護従業者には最重度の守秘義務が課されます。

　そのほか、市町村への請求業務がスムーズにできるよう、サービス提供実績記録表の内容を確認する、同行援護従業者から提出される報告書に目を通す、また、国や市町村から発出される制度の改定や追加に関する情報などを都度確認し、法令遵守のもとに安定したサービス提供ができるようにするといったこともサービス提供責任者の役割です。

(3) 同行援護従業者

　利用者に対しての同行援護の直接的な支援を行います。

　同行援護従業者養成研修を修了し、同行援護指定事業所に所属をし、同行援護サービス提供に向けて必要な内容について研修ないしは説明を受けます。

○同行援護サービス費

基本部分	注 基礎研修課程修了者等により行われる場合	注 盲ろう者向け通訳・介助員により行われる場合	注 2人の同行援護従業者による場合	注 夜間もしくは早朝の場合又は深夜の場合	注 盲ろう者に対して盲ろう者向け通訳・介助員が支援を行う場合
イ 30分未満　　　　　　　　　　　　　(191単位)	×90／100	×90／100	×200／100	夜間もしくは早朝の場合 +25／100 深夜の場合 +50／100	+25／100
ロ 30分以上1時間未満　　　　　　　　(302単位)					
ハ 1時間以上1時間30分未満　　　　　(436単位)					
ニ 1時間30分以上2時間未満　　　　　(501単位)					
ホ 2時間以上2時間30分未満　　　　　(566単位)					
ヘ 2時間30分以上3時間未満　　　　　(632単位)					
ト 3時間以上　　(697単位に30分を増すごとに＋66単位)					

初回加算　　　　　　　　　　　　　　(1月につき200単位を加算)
利用者負担上限額管理加算（月1回を限度）(1回につき150単位を加算)

福祉・介護職員等処遇改善加算	イ 福祉・介護職員等処遇改善加算（Ⅰ）(1月につき ＋所定単位× 417／1,000)	
	ロ 福祉・介護職員等処遇改善加算（Ⅱ）(1月につき ＋所定単位× 402／1,000)	
	ハ 福祉・介護職員等処遇改善加算（Ⅲ）(1月につき ＋所定単位× 347／1,000)	
	ニ 福祉・介護職員等処遇改善加算（Ⅳ）(1月につき ＋所定単位× 273／1,000)	
	ホ 福祉・介護職員等処遇改善加算（Ⅴ）	(1) 福祉・介護職員等処遇改善加算（Ⅴ）(1) (1月につき ＋所定単位× 372／1,000)
		(2) 福祉・介護職員等処遇改善加算（Ⅴ）(2) (1月につき ＋所定単位× 343／1,000)
		(3) 福祉・介護職員等処遇改善加算（Ⅴ）(3) (1月につき ＋所定単位× 357／1,000)
		(4) 福祉・介護職員等処遇改善加算（Ⅴ）(4) (1月につき ＋所定単位× 328／1,000)
		(5) 福祉・介護職員等処遇改善加算（Ⅴ）(5) (1月につき ＋所定単位× 298／1,000)
		(6) 福祉・介護職員等処遇改善加算（Ⅴ）(6) (1月につき ＋所定単位× 283／1,000)
		(7) 福祉・介護職員等処遇改善加算（Ⅴ）(7) (1月につき ＋所定単位× 254／1,000)
		(8) 福祉・介護職員等処遇改善加算（Ⅴ）(8) (1月につき ＋所定単位× 302／1,000)
		(9) 福祉・介護職員等処遇改善加算（Ⅴ）(9) (1月につき ＋所定単位× 239／1,000)
		(10) 福祉・介護職員等処遇改善加算（Ⅴ）(10) (1月につき ＋所定単位× 209／1,000)
		(11) 福祉・介護職員等処遇改善加算（Ⅴ）(11) (1月につき ＋所定単位× 228／1,000)
		(12) 福祉・介護職員等処遇改善加算（Ⅴ）(12) (1月につき ＋所定単位× 194／1,000)
		(13) 福祉・介護職員等処遇改善加算（Ⅴ）(13) (1月につき ＋所定単位× 184／1,000)
		(14) 福祉・介護職員等処遇改善加算（Ⅴ）(14) (1月につき ＋所定単位× 139／1,000)

注1　所定単位は、基本報酬及び各加算（福祉・介護職員等処遇改善加算を除く）を算定した単位数の合計
注2　令和6年6月1日から算定可能
注3　福祉・介護職員等処遇改善加算（Ⅴ）については、令和7年3月31日まで算定可能

福祉・介護職員処遇改善加算	イ 福祉・介護職員処遇改善加算（Ⅰ）(1月につき ＋所定単位× 274／1,000)
	ロ 福祉・介護職員処遇改善加算（Ⅱ）(1月につき ＋所定単位× 200／1,000)
	ハ 福祉・介護職員処遇改善加算（Ⅲ）(1月につき ＋所定単位× 111／1,000)

注1　所定単位は、基本報酬及び各加算（福祉・介護職員処遇改善加算、福祉・介護職員等特定処遇改善加算、福祉・介護職員等ベースアップ等支援加算を除く）を算定した単位数の合計
注2　令和6年5月31日まで算定可能

福祉・介護職員等特定処遇改善加算	イ 福祉・介護職員等特定処遇改善加算（Ⅰ）(1月につき ＋所定単位× 70／1,000)
	ロ 福祉・介護職員等特定処遇改善加算（Ⅱ）(1月につき ＋所定単位× 55／1,000)

注1　所定単位は、基本報酬及び各加算（福祉・介護職員処遇改善加算、福祉・介護職員等特定処遇改善加算、福祉・介護職員等ベースアップ等支援加算を除く）を算定した単位数の合計
注2　令和6年5月31日まで算定可能

福祉・介護職員等ベースアップ等支援加算 (1月につき ＋所定単位× 45／1,000)

注1　所定単位は、基本報酬及び各加算（福祉・介護職員処遇改善加算、福祉・介護職員等特定処遇改善加算、福祉・介護職員等ベースアップ等支援加算を除く）を算定した単位数の合計
注2　令和6年5月31日まで算定可能

注	注	注	注	注	注	注	注	注	注
障害支援区分3に該当する者の場合	障害支援区分4以上に該当する者の場合	身体拘束廃止未実施減算	虐待防止措置未実施減算	業務継続計画未策定減算	情報公表未報告減算	特定事業所加算	特別地域加算	緊急時対応加算（月2回を限度）	喀痰吸引等支援体制加算
+20／100	+40／100	×99／100	×99／100	×99／100 注 令和7年4月1日から適用	×95／100	特定事業所加算（Ⅰ） +20／100 特定事業所加算（Ⅱ） +10／100 特定事業所加算（Ⅲ） +10／100 特定事業所加算（Ⅳ） +5／100	+15／100	1回につき100単位を加算 注 地域生活支援拠点等の場合＋50単位	1人1日当たり100単位を加算

第2章 さまざまな利用者への対応

本章の目的 | 利用者の多様化について理解し、重複障害等の特性を踏まえた外出に必要な知識を学びます。

　同行援護を利用されている方のなかには、視覚障害に対しての支援に加え、その他の支援も必要な方も増えてきています。この章では、そのような方に対しての留意点について一例を記載します。

1 さまざまな利用者

(1) 高齢視覚障害者

　高齢の視覚障害者のなかには、さまざまな疾病のある方がいます。同行援護従業者は視覚障害に対する支援だけではなく、その利用者がもっている他の疾病に対しての対応も求められることがあります。

　そのなかの一つに認知症があげられます。認知症を発症し症状が進んでから同行援護を利用するというケースはあまりありませんが、発症前から事業所と契約があり、同行援護従業者の利用をされているなかで、少しずつ変化が出てくるということはよくあります。

　視覚障害者が認知症を発症した場合、見えない・見えにくいことによって確認ができずに「わからない」となっているのか、認知症のため「わからない」のか、判断がつきにくいことがよくあります。

　例えば、以前なら事業所に自分で電話をかけてこられていた利用者から、最近電話がかからなくなってきたような場合、見えにくさが進んだことで番号がわからず電話がかけられないのか、それとも、電話のかけ方そのものがわからなくなっているのかということが考えられます。

　また、同行援護従業者の利用日の間違いが増えてきたという場合、その原因として見えにくくなってきたことでカレンダーに書いてある文字が読みづらく勘違いとなったのか、認知症により曜日の感覚がなくなってきたことによるものなのかということが考えられます。

　見えにくさが原因であれば、それを補う方法を探すということが必要となりますし、認知症によるものであれば、必要な支援のあり方を考えていく必要があります。どちらに起因するものなのかによって、大きく対応が変わってきます。

　いずれもはじめは気がつくのが難しいほどの小さな変化から始まることが多いです。同行援護従業者は一番近くで利用者と接するため、自宅を訪問した際に、例えば以前なら片

づいていた家の中が最近散らかっているようだ、利用者が着ている洋服の季節感が違う気がする、身だしなみができにくくなってきた、忘れ物が多いなど、変化を感じた場合には、たとえ小さなことでも事業所のサービス提供責任者に報告しましょう。

認知症が進むと、買い物時に本人が何を購入するのか、金銭の支払いができるのかといったところから、目的地までの行き方を把握できているのか、さらには、どういった目的で外出するのかというようなことも支援者側で確認しながら進めていく必要が出てきます。

同行援護を通してのかかわりとなりますので、利用者に対しての情報提供は必ず行い、またトラブルを防ぐためには、支援者側でしっかりと利用者の状態を共有し、支援にあたることが必要になってきます。さらには、利用者本人の生活を支えている関係者と状況を共有し、本人の生活を継続するために必要なことが何かということを一緒に考えていく必要があります。

また、別の事例として、高齢になり足が弱ることで歩行が不安定になってくるということがあります。利用者本人は情報提供を受けながら自分の足で歩いて同行援護従業者と一緒に外出したいという思いをもっている一方、支援する側としては転倒などの発生リスクを考え、同行援護従業者との歩行での外出でよいのか不安に思うというような場合もあります。

福祉サービスで代替となるサービスがないかなど、より利用者の安全を確保できる方法を追求する必要があります。しかしながら福祉サービスでは制度の谷間があり、なかなか切り替えが難しいということもあります。

利用者の希望と安全を第一に考えつつ、利用者に必要なサービスが何なのか、同行援護従業者で対応ができるのか否かというところを複合的に考えて判断する必要があります。

今後も利用者の高齢化は進むため、さまざまな場面において高齢視覚障害者への支援方法を確認していく必要があります。

(2) 他の障害を併せ有する利用者

利用者のなかには、視覚障害だけではなく、他の障害を併せ有する方もおられます。そのような利用者の場合、視覚障害への対応だけではなく、それぞれの障害特性にそった支援が必要となってきます。視覚障害も多様なように、他の障害も多様です。決して「この障害はこうだから」と決めつけることなく、一人ひとりに合った支援が必要となります。

視覚障害以外の障害についても、障害の特性について積極的に学び、具体的な支援方法については、一人ひとりに合わせてサービス提供責任者などと相談しながら組み立てていく必要があります。その際、サービス提供責任者は、相談支援専門員や医療機関等外部の関係機関との連携も図る必要があります。

① 聴覚障害

視覚障害に加え、聴覚障害を重複している人のことを「盲ろう者」といいます。

盲ろう者の聴覚障害の程度は多様であり、周囲の環境によっても聞こえの程度に変化が生じます。

普段は補聴器を装用して、他者の声を聞き取れる程度の難聴の盲ろう者でも、大きな騒

音のある場面だと、声による情報が得られにくくなります。例えば、電車の行きかう駅のホームの階段に差しかかったときに、静かな室内と同じような声量で同行援護従業者が「下り階段です」ということを伝えても、本人は聞きとれないことがあります。同行援護従業者は、環境による聞こえの変化に気を配り、声量を変えるなどの対応が必要になります。

一方、そもそも他者の声の聞き取りが難しい全盲ろうやそれに近い状態の盲ろう者の場合は、歩きながら、同行援護従業者の声を把握することが難しくなります。例えば、街中を歩いている場面で、本人に伝えるべき情報がある場合は、その都度立ち止まって、手書き文字や指点字、触手話等の触覚的なコミュニケーション方法で情報提供をする必要があります。しかし、立ち止まって情報を伝えてばかりでは、目的地にスムーズにたどり着くことができません。路面や通行人等の環境情報を伝えることはもちろん、普段の会話や行き先などから、本人の興味や関心を想像し、必要と思われる情報を優先して伝えていく必要があります。より円滑な動作が求められる、階段のような場所では、「立ち止まったこと自体が合図となり、本人が白杖で段差を探るという方法」「階段に差しかかったときに、同行援護従業者の腕や肩をつかんでいる本人の手を軽くタッチするなどの『触覚サイン』を用いる方法」などを用いている盲ろう者もいます。

このように、全盲ろうの盲ろう者は移動中の情報入手に制約があることから、その軽減のために、触覚的なコミュニケーション方法で情報提供を受けながら、移動をする盲ろう者もいます。腕や肩につかまって移動する方法に比べると、危険なようにもみえますが、本人にとっては、リアルタイムに情報が得られない状態で移動介助を受けることのほうが、強い不安を感じるという切実な思いがあります。触覚的なコミュニケーションをとりながら移動することで、「階段やエスカレーターの上り下り」や「人の往来の状況や程度」など安心・安全な移動に必要な細やかな情報をスムーズに得ることが可能になります。一方で、同行援護従業者としては、移動介助に気を配りながら、触覚的なコミュニケーションを取ることになり、移動とコミュニケーションの両方の技術が求められることになります。また、狭い所や通行人の往来が激しい場所などでは、腕や肩につかまってもらう方法に切り替えるなど、場面に応じた柔軟な判断力も必要になります。

このように、盲ろう者の移動を支援するにあたっては、留意しなければならない点が数多くあります。同行援護従業者が盲ろう者の支援を担当する際は、本人やサービス提供責任者から、聞こえの状態や合図・サイン、コミュニケーション方法等の情報を把握し、それぞれの盲ろう者に応じた方法でサービスを提供していく必要があります。

② 肢体不自由

病気やけがなどにより、上肢・下肢・体幹の機能の一部、または全部に障害があるために、「立つ」「座る」「歩く」「食事」「着替え」「物の持ち運び」「字を書く」など、日常生活のなかでの動作が困難になった状態をいいます。

下肢に障害がある場合には、移動の方法として、車いすや松葉杖などの利用がありますが、その際の誘導方法の確認などが必要となります。また、外出時に食事をとる場合などについては、テーブルの上の情報提供のみならず、肢体不自由によってできにくいところのサポートも必要になってきます。

③　内部障害

　内部障害は、心臓機能障害、腎臓機能障害、呼吸器機能障害、ぼうこう・直腸機能障害、小腸機能障害、ヒト免疫不全ウイルスによる免疫機能障害、肝臓機能障害の内臓機能や免疫機能の障害のことで、身体障害者福祉法に定められた身体障害の類型の一つです。

　腎臓障害のため人工透析を受けている利用者については、透析直後の体調不良に気をつけること、特に止血ができているかなどに注意する必要があります。

　呼吸器機能障害のため酸素療法を行っておられる利用者は、外出時に携帯用の酸素ボンベを持ち運ぶ方もおられます。乗り物の乗降の際に持ちあげる等のお手伝いや、酸素の残量のメモリを読み上げる等の支援も必要となります。

　直腸機能障害のため排泄機能に障害があり、ストーマの装着をされている方については、外出先でストーマ対応のトイレを探す必要や、心臓ペースメーカーの装着をされている利用者の場合は、利用者の周辺での携帯電話等の電子機器の使用を控えるということが必要です。

　いずれの場合も体調の変化には十分に留意する必要があります。

④　知的障害

　知的障害は、感情を抑えたりすることが苦手な場合があるので、外出中も注意が必要です。独自のコミュニケーション方法がある方もおられますので、その確認をしておくことが必要です。物事を計画的に進めることや判断、意思決定が苦手なため、外出先や支援内容を支援者が丁寧に意思決定支援しながら設定していくことが必要な場合もあります。

　外出先での金銭のやりとり、代筆・代読、店員等とのコミュニケーションなどは、本人に確認しながら同行援護従業者が代わりに行うことが必要な場合があります。

⑤　精神障害

　精神障害とは、精神疾患のために精神機能が障害され、日常生活や社会参加に支障が出ている状態のことをいいます。主な疾患としては統合失調症、気分障害、不安障害、強迫性障害、依存症などがあります。病状の悪化により、判断能力や行動のコントロールが難しくなる場合があります。精神障害者に対する誤解や偏見、差別は、残念ながら現在でも残っています。

　本人の気持ちに寄り添って支援すること、情報提供や声かけ時の言葉や声のトーン、スピードなどの配慮が必要です。

⑥　発達障害

　発達障害とは、自閉症、アスペルガー症候群その他の広汎性発達障害、学習障害、注意欠陥多動性障害、その他これに類する脳機能障害であってその症状が通常低年齢において発現するものとされています。苦手なことにも個別性があります。

　本人の気持ちに寄り添って支援すること、情報提供や声かけ時の言葉や声のトーン、スピードなどの配慮が必要です。

⑦　高次脳機能障害

　高次脳機能障害とは、脳血管障害や事故などによる脳外傷、心肺停止による低酸素脳症などで脳がダメージを受けたことにより、注意力・記憶力・言語・感情のコントロール等がうまくはたらかなくなる認知機能の障害です。

　中途障害のため、以前できていたことがうまくいかなくなり、日常生活または社会生活に支障をきたしますが、外見からはわかりづらく「見えない障害」ともいわれます。周囲の理解が必要になります。

　どの部分に損傷があるかによって、できにくいことの表出が異なります。物事が覚えにくい、計画ができにくい、感情コントロールができにくいなどの症状が出ることにより生活のしづらさがあります。また半側空間無視では、脳が見えている範囲の半分を認識しないことで、無理をしてしまいぶつかるというような状況が起こることもあります。いずれにせよ一人ひとりの状態の把握と必要な支援の対応が必要です。

　上記はほんの一例で、一人ひとり支援方法が異なることを十分に理解し、活動中に支援が必要となる内容においてはサービス提供責任者と共に十分にその支援方法を確認しておく必要があります。

　また、視覚障害についての支援よりも、それぞれの身体状況やその他の障害への支援がより必要となる場合には、同行援護よりも他に適したサービス利用がよい場合もありますので、その利用者にかかわっている関係機関と連携をとりながら支援を進めていく必要があります。

2　歩き方等に応じた誘導方法

　利用者の身体状況によって、さまざまな歩行方法があるため、それぞれの留意点等を理解し対応する必要があります。

(1) 車いす

　見えない・見えにくい状態で車いすに乗って後ろから介助を受けることは、利用者にとってとても不安なことです。通常のガイドヘルプであれば、同行援護従業者が半歩前にいるため、利用者よりも先に危険を察知できるので安心感がありますが、車いすの場合は利用者が前になるため、不安感が強くなります。そのため、早め早めの情報提供が必要です。また、丁寧な状況説明、スピードの確認も利用者の不安を取り除くためには必要な支援です。段差越えなどの前輪を上げるような場面では、情報提供がないと利用者は急に体が宙に浮く感覚となり不安が強くなりますし、段差での突っかかりなどは、利用者が予測できないため、とっさに座位保持ができず、前に転倒してしまうおそれもあります。

　また、場所や場面において車いすの止め方にも留意する必要があります。例えば、地下鉄のホームでは、電車が入ってくる際に風が直接利用者の顔に当たらないような止め方や、利用者が第三者と対峙するような場面においては相手が正面にくるような止め方をすると

よいでしょう。

　幅が狭いところでは利用者の足や手が物にぶつからないように、また周囲の人に車いすがぶつからないように留意することなども必要です。

図表Ⅱ-2-1　車いす

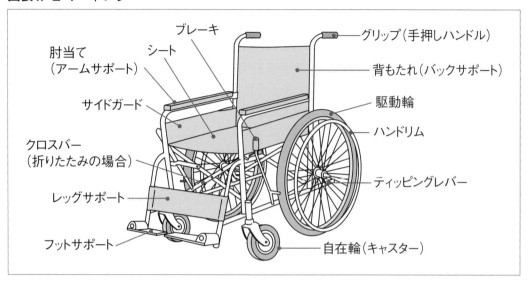

(2)手押し車・歩行器

　弱視（ロービジョン）の利用者等が、立位保持や歩行援助のために歩行器等を押して歩くことがあります。その場合、同行援護従業者は利用者の横に立ち、場合によってはハンドルを少し支えつつ、早めの情報提供をしながら歩きます。

　車輪のついているものは、道の状態によって、例えばスロープを降りる場合などでは思いがけずスピードが出ることがあったり、歩道に側方への傾きがあるためまっすぐに進め

図表Ⅱ-2-2　手押し車

ないことがあったりします。また、両車輪の回転がスムーズにいかず、つまずくようなこともあるため注意が必要です。

また、バスや電車等に乗る際は、同行援護従業者が歩行器等を持ち上げる等の援助も必要となる場合があります。

(3)ショッピングカート

　利用者がショッピングカートを携帯して外出する場合、基本的にこれらは利用者が引くことになります。同行援護従業者は、自身と利用者の二人分の幅だけではなく、これらのものが利用者の身体よりもさらに外側でかつ後方にあることを意識しなければなりません。

　それらが第三者にあたってけがをさせてしまう、何かに引っかかった弾みに利用者が転倒してしまうなどということがないようにしましょう。また、バスや電車等に乗り込む際、同行援護従業者がショッピングカートを持ち上げて乗せるというような支援も必要になる場合があります。

図表Ⅱ-2-3　ショッピングカート

第3章 個別支援計画と他機関との連携

本章の目的　サービス等利用計画に基づき、サービス提供責任者が事業所で策定する個別支援計画や関係機関との連携等について理解します。

1 サービス等利用計画について

　サービス等利用計画とは、障害者等の心身の状況、その置かれている環境、利用に関する意向その他の事情を勘案し、利用する障害福祉サービスやその他のサービス（インフォーマルサービスを含む）を定めた計画を指します（障害者総合支援法第5条第22項）。通常は、相談支援専門員が担当し、計画を作成していくことになりますが、自ら計画を作成することもできます（セルフプラン）。サービス等利用計画の「等」について、相談支援の基準省令（平成24年厚生労働省令第28号）において、「相談支援専門員は、サービス等利用計画の作成に当たっては、利用者の日常生活全般を支援する観点から、指定障害福祉サービス等又は指定地域相談支援に加えて、指定障害福祉サービス等又は指定地域相談支援以外の福祉サービス等、当該地域の住民による自発的な活動によるサービス等の利用も含めてサービス等利用計画上に位置付けるよう努めなければならない。」とされており、単に障害者総合支援法上のサービスのみならず、地域のインフォーマルサービスなども含めた計画を指向したものとなっています。サービス等利用計画は「人生計画」であるといわれることがありますが、これは単に既存のサービスを当てはめるだけでなく、利用者本人の全体をみて必要な社会資源を考えていく姿勢を表しているものと考えられます。

　同行援護を利用しようとする利用者には、児童、先天性視覚障害者、中途視覚障害者、高齢者、重複障害のある知的障害者、盲ろう者等、さまざまな方がおられますが、自らの人生を豊かに過ごすために、活用できる社会資源を自ら検索し、アプローチし、活用していける方ばかりではないのではないでしょうか。例えば、十分に社会経験があり、さまざまな活動を行っていて、利用するサービスはご自身で選択可能であり、同行援護の利用日時等もご自身で管理されているような方はセルフプランでもよいのかもしれませんが、多くの場合、制度上のサービスとして何があるのかがよくわからなかったり、もっと自分らしく生きたいと願っていても、趣味のサークルもどんなところがあるのかよく知らないといったこともあるのではないかと思います。相談支援専門員は、利用者の望む生活や生活全般についても相談に応じ、サービス等利用計画を作成し、関係各機関と調整や連絡を行う職種ですので、「人生の伴走者」として頼ってみるのもよいのではないかと思います。

相談支援専門員が、サービス等利用計画を作成するにあたって、利用者の状況（概要、家族構成、社会関係、生活歴、本人の意向、支援の状況等）を詳細にお聞きする場面があります（アセスメント）。これは、相談支援専門員が利用者の本人像を正確に把握することにより、よりフィットした計画を作成するために必要な情報収集とお互いのことを知り信頼関係を構築するためのものです。

　サービス等利用計画には、様式第1-1として、①利用者及びその家族の生活に対する意向（希望する生活）、②総合的な援助の方針、③長期目標、④短期目標、⑤サービス等利用計画案全般（解決すべき課題（本人のニーズ）に対応する公的支援、その他の支援を網羅）、⑥優先順位、⑦解決すべき課題（本人のニーズ）、⑧支援目標、⑨達成時期、⑩福祉サービス等（インフォーマルサービスを含む）、⑪課題解決のための利用者の役割、⑫評価時期、⑬その他留意事項が記載され、様式第1-2として、①週間計画表、②主な日常生活上の活動、③週単位以外のサービス、④サービス提供によって実現する生活の全体像（計画の効果）が記載されます。これらの記載にあたっては、相談支援専門員のアセスメントのほか、サービス利用が予定されている事業所や関係機関、本人・家族を交えた「サービス担当者会議」を経て、関係者の共通認識を醸成していきます。

　そして、計画は作成してそれで終わりではありません。必ず、モニタリングが行われ、支援内容が利用者にフィットしているか、利用の時間は不足していないか、別のニーズが生じていないか等の確認を行い、場合によってはサービス担当者会議を開催し、サービス等利用計画の見直しを行います。

　なお、利用者が65歳以上であり、介護保険サービスを主に利用している人であっても、同行援護については利用が可能です。これは介護保険サービスにおいて同等のサービスが存在しないことから、利用が認められているものです。この場合は、特段の事情がない限り、介護支援専門員（ケアマネジャー）が作成する居宅サービス計画（ケアプラン）上に位置づけられます。

2　個別支援計画の策定について

　個別支援計画（同行援護の場合は同行援護計画）は、サービス等利用計画に基づき、同行援護のサービスを提供するうえで、利用者または障害児の保護者の日常生活全般の状況および希望等を踏まえて、具体的なサービスの内容等を記載した計画を指し、サービス提供責任者が作成し、利用者に説明、交付しなければならないとされています（障害者の日常生活及び社会生活を総合的に支援するための法律に基づく指定障害福祉サービスの事業等の人員、設備及び運営に関する基準第26条）。

　同行援護事業は、視覚障害により、移動に著しい困難を有する障害者等が居宅において自立した日常生活または社会生活を営むことができるよう、当該障害者等の身体その他の状況およびその置かれている環境に応じて、外出時において、当該障害者等に同行し、移動に必要な情報の提供、移動の援護、排泄および食事等の介護その他の当該障害者等の外出時に必要な援助を適切かつ効果的に行うものでなければならないとされています。これ

らのサービス内容を、本人のニーズに即して効果的に行うためのツールとして、個別支援計画があります。

相談支援専門員が、利用者本人の全体像を把握するためのアセスメントを行いますが、同行援護事業者は、同行援護サービスを提供するうえで留意する点や、このサービスの利用でどのような自己実現を図ろうとしているのか、本人のサービスに関するニーズをより詳細にアセスメントしていきます。

個別支援計画には、①総合的な援助の方針（サービス等利用計画から転記）、②本人の希望、③援助目標、④サービス内容、⑤計画予定表、⑥手順・留意事項・観察ポイント、⑦本人の役割、⑧その他・共通事項等を記載します。本人への説明と交付は当然ですが、担当の相談支援専門員への交付も行います。全体計画と個別サービスの計画が支援方針等においてずれていないか、支援チームとして確認することは重要です。

同行援護事業者には、連絡調整に対する協力義務があります。市町村や相談支援事業者が行う連絡調整に、できる限り協力しなければならないとされています。サービス担当者会議への出席も同様です。

個別支援計画も、作成したら終わりではありません。必ず、モニタリングが行われ、支援内容が利用者にフィットしているか、利用の時間は不足していないか、別のニーズが生じていないか等の確認を行い、場合によっては個別支援計画の見直しを行います。また、大きなニーズの変化等がある場合には、相談支援専門員と連携し、サービス担当者会議の開催を促し、サービス等利用計画の見直しへつなげる場合もあります。

なお、利用者が65歳以上の人で同行援護を利用される場合は、通常は介護支援専門員（ケアマネジャー）と連携することとなります。

3 関係機関との連携と留意点

同行援護事業者が連携する関係機関には、次のようなところが想定されます。

まずは、前述の相談支援事業者（計画相談）があります。相談支援専門員が作成するサービス等利用計画に基づき、同行援護の個別支援計画が作成され、これに基づいてサービスが提供されますので、相談支援専門員との連携は非常に重要となります。

利用者が他のサービスも利用している場合は、それらの事業者との連携も重要です。例えば、グループホームに入居している方であれば、外出からの帰宅後、外出時にあった事柄について共有すべきことがあれば、本人の了解を得たうえで共有してください。例えば、肩をぶつけてしまったとか、つまずいて転んでしまったなどの出来事があった場合は、その後の経過も見る必要があると思いますので、連携していただくことになると思います。ご自宅にお住まいの方の場合は、ご家族との情報共有も同様に重要となります。ホームヘルプ（訪問介護や居宅介護等）を利用されている場合は、そちらの事業所との連携が必要になります。

市役所の担当部署の方とは、さまざまな場面で会うことがあると思います。疑義照会を行うこともありますので、顔をつないでおくことは重要です。特に2～3年ごとに人事

異動もありますので、留意が必要です。

　同じ地域の他事業所（同種、異種にかかわらず）の存在も意識し、機会があれば顔をつないでおくことで、何かがあったときには心強いと思います。

　医療機関への通院での利用の機会もあるため、その場合は、医療機関との連携も必要となります。同行援護事業者であり、視覚情報の提供を行っていることをご理解いただけるよう説明が必要です。目的地が、会議やサークル等の場合もあるため、それぞれの主催者等にもお伝えしておくとよいと思います。

第4章 業務上のリスクマネジメント

本章の目的 | 事業所としてリスクマネジメントを図るため、同行援護従業者の派遣にあたり発生の可能性がある事故や事故発生時の管理体制等について理解します。

1 事業所のリスクマネジメント

　同行援護事業は、障害当事者を利用者とした対人援助であり、人を対象としている以上、さまざまなリスクがあることはいうまでもありません。
　リスクの種類としては、以下のように整理できます。

```
リスクの種類
　①サービス提供に関するリスク
　　　法令違反、苦情、事故、感染症、物損、虐待
　②人事労務リスク
　　　労働関係法令違反、セクハラ、パワハラ、労災事故
　③財務リスク
　④ガバナンスリスク
　　　法令遵守違反、情報管理、内部統制
　⑤その他のリスク
　　　自然災害、盗難等
```

　事業所の管理者は、これらを想定し、内部規定や業務継続計画（BCP）を作成していると思いますが、従業員への周知と浸透を図るための内部研修が重要となります。
　また、苦情解決の仕組みを設けることは、社会福祉法上の義務となっています。福祉サービスにおいては、苦情を、「利用者の声」としてとらえ、サービスの質の向上につなげることが大切です。苦情解決には、事業者の真摯な対応が求められます。苦情は、以下の4種類に分類されます。

```
苦情の種類
　①福祉サービスに関すること
　　　職員の接遇、サービスの質や量、説明・情報提供等
　②利用料に関すること
　　　利用料関係、負担金関係等
　③安全に関すること
```

被害損害、権利侵害
　　④その他（上記以外のもの）

　厚生労働省は、苦情解決に取り組む際の参考として、経営者あてに「社会福祉事業者の経営者による福祉サービスに関する苦情解決の仕組みの指針」を通知しています。指針では、苦情解決の体制と、その役割等について示されています。指針では、苦情解決体制として、①苦情解決責任者、②苦情受付担当者、③第三者委員の設置を求めています。これらの苦情解決体制を、職員・利用者に周知しておいてください。苦情が寄せられた場合は、事実確認のうえ、話し合い、解決案の調整を行い、苦情対応の記録を公表（個人情報に関するものを除く）することとなっています。詳細は指針を確認してください。

2　同行援護従業者のリスクマネジメント

　同行援護従業者が抱えるリスクには、前述のように法令違反、苦情、事故、感染症、物損、虐待などが考えられます。障害福祉サービスは、個別性が高く一般的なマニュアル化がしづらいこともあり、利用者ごとのルールがある場合もあります。できる限り従業者の担当は固定しておいたほうがリスクは少なくなると思いますが、シフトの関係もあるため、利用者ごとの留意事項は書面にして、引き継げる体制をとっておくことが求められます。ヒヤリ・ハット事案があった場合には、対応策も含めて必ず書面に残し事業所内で共有しておくことで、同様のリスクが防止できる可能性が高まります。何かあった際に、従業員を責めるのではなく組織として再発防止に取り組む姿勢が重要です。

　利用者との関係性も難しい問題です。あまりに親しくなりすぎたり、よそよそしすぎたりするのも問題です。適切な距離感を意識して接しましょう。特に、金銭トラブルには注意が必要です。金銭のルールについても事業所内であらかじめ決めておき、利用者にも契約時に説明したうえでルールを守りましょう。

　また、利用者側からのセクハラやパワハラ等もリスクとして考えられます。そのような事案が発生した場合は、サービス提供責任者への報告を行い、組織としての対応を心がけましょう。

　ガイド中の転倒や頭・肩をぶつける、物損等のリスクは、支援技術の問題でもあります。事業所内において、スキルアップ研修等を行い、技術の研鑽に努めることも重要です。

3　事故発生時の管理体制

　次に、不幸にして事故が起きてしまった場合の対応について、その基本的な考え方を整理しておきます。厚生労働省から「福祉サービスにおける危機管理（リスクマネジメント）に関する取り組み指針」が通知されていますので、その内容に沿って説明します。

　事故後の対応にあたっては、利用者本人やご家族の気持ちを考え、相手の立場に立って

対処していく姿勢が基本となります。事故の責任の所在よりも、まずは誠意ある態度で臨むことが必要となりますし、後のことを円滑に進めることにもつながっていきます。事故によって大きな苦痛を蒙るのは利用者やその家族であることを念頭におくべきです。

> 事故対応の原則
> （1）個人プレーでなく組織として対応
> 　　法人・施設は契約の当事者としての意識をもって一体的な対応をすることが求められます。
> （2）事実を踏まえた対応
> 　　事実を正確に整理・調査し、それらを踏まえた対応をすることが必要となります。その際、経過の正確な記録（誰にいつどういう説明をしたか）や、その後の経時的な記録が重要です。そのためにも、日頃のサービス提供記録のほか、事故が発生した際にどのような記録を整備するかについて、施設内でルール化しておくことが望まれます。
> （3）窓口を一本化した対応
> 　　窓口を一本化したうえで、十分なコミュニケーションを図り、中身を十分見極めることが重要です。相手の要望は単なる苦情の場合もあれば、本当の金銭クレーム、訴訟につながるものもあります。その訴えを十分に見極める必要があります。法人・施設内で事故発生時の対応責任者をあらかじめ決めておくことが求められます。

リスクマネジメントを「賠償問題」に矮小化してとらえてしまう傾向が見受けられますが、賠償問題というのは一部に過ぎません。発生した事故を前にしてその利用者のご家族等がどのようなことを考えるか、何を知りたいと思うのか、といった視点を踏まえ、以下に事故対応のフローを整理します。

> （1）事実の把握と家族等への十分な説明
> 　　事故の知らせを受けた家族等が一番初めに共通してもつ強いニーズは、「事実を知りたい」ということです。そのためにも事故が発生した場合には、できるだけ早いうちに関係した職員から事情を聞くなどして、事実の確認と記録が行われる必要があります。
> 　　そして、調査した結果に基づいて、家族等に事故の発生状況やその後の対応について事実を十分に説明します。その際の受け答えにも誠意ある態度で臨むことが基本となります。
> （2）改善策の検討と実践
> 　　次に、「今後どうするのか知らせて欲しい」というニーズが出てきます。事故後の早い時期に発生した事故の要因分析を職員の参画のもとで多角的に行うとともに、具体的な再発防止策を検討・実践していくことが求められます。そして検討した結果は、きちんと家族等に対して説明をして、納得を得るということが重要です。
> （3）誠意ある対応
> 　　それでも、やはり「謝罪をして欲しい」という話も出てきますし、謝罪でも納得で

> きない場合には法人や施設の責任問題、さらには損害賠償の要求につながっていくこともあります。
> 　謝罪については、往々にして「簡単に謝罪してはいけない」「謝罪すると、責任があったことを認めることにつながる」といったことがいわれていますが、迷惑をかけたり苦痛を与えてしまったことに対しては人間的な共感をもって誠意ある対応をすることが大切です。「謝罪の意すら示さない」といって利用者側の感情を損ねてしまい、訴訟に発展するケースもあります。

　事故を未然に防ぐためにも、利用者や家族とのコミュニケーション、職員間のコミュニケーションが重要です。

第5章 従業者研修の実施

本章の目的 事業所内の同行援護従業者に対する研修の目的や内容等について理解します。

　従業者研修とは、同行援護従業者に対して利用者への支援の質の向上のために行う従業者のスキルアップの研修のことです。所属する事業所が主催するもの、自治体が主催するもの、また一般的に開催されている福祉に関する研修などを従業者が受講するものなどがあります。

　従業者が所属している事業所において、特定事業所加算や処遇改善加算を取得するための要件の一つとして従業者研修の開催が位置づけられている場合もあります。

　新規に採用する従業者に熟練した従業者が同行する（OJT）というようなことも研修の一つとして位置づけられています。

　従業者が利用者支援において都度必要な知識を習得し、安心安全な支援が可能となるようにするためのものですので、事業所に所属している従業者にはいずれにしても受けてもらうべきものです。

　事業所で行う研修の内容を計画するのは、管理者やサービス提供責任者の業務となります。

1 従業者研修の内容

　研修計画を立案する際には、次の2点をもとに考えることが必要です。

①事業所に所属して同行援護従業者として活動するうえで必要な知識や技術の向上のためのもの
②利用者支援に対して必要な知識や技術の向上のためのもの

　①の事業所運営における研修としては、運営規程に記載されている内容（勤務体制の確保等・業務継続計画（BCP）の策定等・衛生管理等・虐待の防止等・身体拘束の防止等）をより具体的に同行援護従業者の知識として深めることや、同行援護従業者として活動するうえでの事業所の取り決めについて、また福祉に携わる者としての職業倫理などを徹底する、また活動中に事故が起こった場合にどう対応するかといったリスクマネジメント、同行援護従業者自身をケアするメンタルヘルスなどが内容となります。

　従業者が事業所の運営方針に基づき業務にあたるために必要な知識をもってもらう大切な機会となります。

②の利用者支援における研修としては、さまざまな利用者像を想定し、対応のシミュレーションを行うことや利用者の声を参考に日頃の支援の技術（誘導技術や声かけなど）のさらなる向上、見え方の理解、同行援護の制度やその他福祉の制度の理解、対人援助の基本などが主な内容となります。

2　研修開催の方法

(1) 全体研修

　所属の同行援護従業者全員に対して行う研修で、最低でも1年に1回以上は必ず行う必要があります（実地指導において確認があるため）。
　事業所の同行援護従業者の質の向上を目的に行うもので、運営規程に基づいた内容、利用者からの声や、ガイドヘルパー制度にかかわるものについての知識を深める為の内容とし、視覚の疾病等利用者が有する障害の理解に関すること、誘導技術に関する振り返り、最新の制度情報などについて行います。
　特に誘導技術の振り返りについては、養成研修を修了してから日が経つにつれ、対応する利用者に沿った支援となるがために、基本の技術への認識が甘くなってしまうというようなこともありますので、定期的に繰り返し研修のメニューに入れて実施すること、またその際には、通常の歩行の場面だけではなく、交通機関を利用する場合の振り返り、会議や買い物時などさまざまな場面を設定して行うこともよいでしょう。
　利用者からの声を参考に支援技術の再確認を行う場合には、事業所の利用者など当事者から直にヘルパーにお話をしてもらうなどの機会を設けるということも有効です。
　その場合には、さまざまな当事者をイメージして話すことができる人を選任することが望ましいです。もしくは、複数の当事者にそれぞれの支援についての思いを語ってもらうというようなことも有効です。

(2) 個別研修

　同行援護従業者個人の質の向上を目的に行うもので、経験年数や保有資格に応じて、実際の支援についてや、想定される課題などについて行います。
　同行援護従業者になってすぐの初任者には、実際の支援のなかで養成研修との違いがどこにあったか、先輩の同行援護従業者がどのように対応しているのかを聞く機会などをもつのも有効です。
　また、資格取得の目標設定をした内容もあります。

3　従業者の質の向上のための工夫

　研修計画を立てるうえで次の点を基本に考えます。

①スキルや知識を問わず、支援という広義での質を向上させるための研修にすること。
②個人に沿った研修計画であれば、グループごとに実施することも認められる（あくまでグループワークではなく、個別研修をまとめて実施するという意味）。
③基礎で習うようなことは避けるのが好ましい。
④資格取得するための研修。

(1) 従業者の立場で考える

従業者個人の成長を軸に研修を考える際には次のような点に留意するとよいでしょう。

❶ 個人と密接にかかわるプロとしてどこでも通用する人材になる

同行援護は原則1対1の支援であり、内容によっては長時間となることもあることから、支援の内容によって対応を変える必要が出てきます。また長期間にわたり同じ利用者に支援することも考えられることから、分別をもった接し方などを念頭に組み立てます。

❷ 介護福祉士などになる

同行援護従業者養成研修では、他の福祉資格をもたなくても受講ができることから、視覚障害者支援においては精通するものの、利用者は年代も幅が広く同じ対応をするには困難であるため、モチベーションの向上も含め介護福祉士などの知識も習得できればなおよいでしょう。

(2) 利用者の立場で考える

利用者に対して貢献することを軸に考える際には次のような点に留意することが必要です。

①利用者の年齢や状況により適切な支援を想定する。
②補助具の活用と適切な情報提供の実施。

4 研修計画立案

研修計画には、目標とすること、その内容、研修期間および実施時期を基本にし、事業所にとっての従業者のあり方を考えます。また日常の支援において報告された内容にも対応します。

その対応の際のポイントは以下となります。

①不足しているのはスキルなのか、あるいは知識なのかを明らかにし、技術を体得する研修か、知識を得る座学あるいは演習とするかを判断する。
②レベルに応じた内容とする。
③各々の目標に応じて設定する。

いずれにしても研修は継続的に系統立てて計画し実行していくことです。

また自治体などや研修事業者なども利用すると効果的です。昨今はオンラインで日時や場所を選ばず学べる機会も増えてきています。

図表 II-5-1　研修の具体的な参考例

利用者対応として	事業所対応として
・さまざまな病気 ・精神疾患 ・聴覚と平衡感覚 ・各器官 ・難病 ・認知症 ・脱水と熱中症 ・科学的根拠（研究された根拠）のある支援 ・ボディメカニクス ・自立支援 ・人権（※） ・個人情報の保護（※） ・感染症予防と対策（※） ・虐待および身体拘束（※） ・緊急時対応 ・事故防止（リスクマネジメント） ・視覚障害支援の根本的な考え方 ・その他ハラスメント	・アンガーマネジメント ・レスパイトケア ・接遇 ・コミュニケーション技術（質問の仕方など） ・心を落ち着かせる対話方法 ・障害者総合支援法について（仕組み・給付・自己負担の考え方） ・必要書類について ・業務継続について（※） ・カスタマーハラスメント

※運営規程に記載されている項目

第6章 同行援護の実務上の留意点

本章の目的 同行援護の実務上の留意点や他の福祉制度との関係について学びます。

1 市町村の支給決定について

　同行援護サービスの支給決定にあたっては、令和5年3月10日の厚生労働省主管課長会議の資料（67ページ）においても、以下のように引用を含めて記されています。

> 支給決定基準の設定に当たっては、国庫負担基準が個々の利用者に対する支給量の上限となるものではないことに留意すること
> 「障害者自立支援法に基づく支給決定事務に係る留意事項について」（平成19年4月13日付事務連絡）

　各市町村が同行援護サービスの支給決定にあたって、申し合わせている毎月の支給時間の上限だけを理由に支給決定時間を抑制するという取り扱いにはなっていません。個々のケースにおいて一人ひとりの事情を踏まえて、必要が認められれば支給されるというのがルールとなっています。

　市町村においては、適正かつ公平な支給決定を行うため、あらかじめ支給決定基準（個々の利用者の心身の状況や介護者の状況等に応じた支給量を定める基準）を定めておくことが厚生労働省より通知されていますが、支給決定基準で定められた支給量によらずに支給決定を行う場合も「非定型ケース」として認められる場合もありますので、その必要性について、相談支援専門員等とも連携して市町村とよく相談してください。

　もう一つ同行援護の支給決定にあたって重要なポイントを記しておきます。

　通常、障害福祉サービスの支給決定（介護給付の場合）においては、市町村より、障害支援区分の認定を受けなければならないとなっていますが同行援護制度においては、その認定は任意であり、同行援護アセスメント票に基づき市町村の窓口での聞き取りによる手続きのみで支給決定が認められています。

　また、同行援護サービス利用の際、指定特定相談支援事業者との契約により相談専門員が作成するサービス等利用計画案の提出を市町村より求められる代わりに、セルフプランといって当事者ご自身がサービス等利用計画を作成して、市町村に提出することも可能となっています。

　ただ、お住まいの市町村において、相談支援専門員が作成するサービス等利用計画案の提出を必ず求められる場合もありますので確認が必要です。

2 他制度との関係

(1)介護保険制度との関係

　介護保険と障害福祉の適用関係は、社会保障制度の原則である保険優先の考え方のもと、サービス内容や機能面から、障害福祉サービスに相当する介護保険サービスがある場合は、原則、介護保険サービスが優先されることとなっています。
　では、65歳を超える視覚障害者の同行援護制度の利用については、どうなっているのでしょうか？
　サービス内容や機能面から、同行援護制度は介護保険サービスには相当するものがないということで[注1]介護保険優先の原則は適応されません。すなわち、介護保険制度でのホームヘルパーを利用していても、外出時には同行援護制度は別時間として利用できるのです。
　具体的にいえば、65歳以上の視覚障害者が外出するときに、介護支援専門員が介護保険を利用して外出するプランを検討していても、同行援護の受給証を受給していて同行援護サービスを利用して外出することを希望すれば、同行援護サービスとして同行援護従業者の派遣を受けることができるのです。

(2)通院等介助等との関係

　居宅サービスを利用している視覚障害者が通院等の外出の際、その受給者証に通院等介助の支給時間が書かれている場合は、通院等介助によっても通院は可能です。
　ただし、従業者は初任者研修以上のホームヘルパーの資格が必要で、同行援護従業者だけの資格ではサービス提供はできません。また、通院等介助のサービスと同行援護サービスは優先関係はありませんので、通院などに関して利用者がどちらを利用しても差支えないこととなっています。

3 「社会通念上適当でない外出」とは…？

　同行援護制度において「社会通念上適当でない外出」にあたる場合は、利用できないとされていますが、どのような外出がそれにあたるのでしょうか？
　社会通念については、時代に応じて変化するものですが、現段階で適当でないと判断できる明確なものについては、対象外とされています。
　風俗店やパチンコ店などはどうでしょうか？　場外の馬券や車券売場等は、買い物のついでと考えて利用してもよいのでしょうか？　また、カラオケ、居酒屋はどうでしょうか？
　公序良俗に反することを目的とするものが該当すると思いますが、それが何なのかは厚生労働省によっても明確にされていません。すべて市町村の裁量に任せられています。
　宗教活動や政治活動についてはどう考えればよいのでしょうか？　宗教活動のなかでも、布教活動と日曜礼拝、集会への参加は同等と考えるべきなのでしょうか？　また、お

墓参りや初詣は宗教活動というよりは、一般的慣習といえないでしょうか？
　葬式、法事、クリスマスイベントも同様です。
　また、宗教活動、政治活動についての同行援護の利用の是非については、現在、厚生労働省によっても明確にされていません。こちらもすべて市町村の裁量に任せられています。
　通勤、営業活動等経済活動にかかる外出についても、まだまだ支給決定が認められているとは言い難い状況です。通年かつ長期にわたる外出（通園、通学、施設・作業所への通所等）についても認められているケースは少なく、他の制度等が活用される場合はそちらが優先されます。
　地域生活支援事業の移動支援の事業が優先的に利用されているのが現状です。

4　雇用施策との連携

　重度障害者の社会進出を後押しする目的で、同行援護の障害福祉サービスを受けている人を対象として、2020（令和2）年10月から重度障害者等就労支援特別事業が始まりました。
　これまで対象外だった就労、通勤時のサービスに対して、国と自治体が費用の大半を助成し、支援を行います。従来、「経済活動」であることを理由に就労や通勤時の介助は、必要なら本人や企業が全額負担しなくてはいけなかったのですが、新制度では就労や通勤時も、国や自治体が介助費を助成します。
　ただ、仕組みは複雑です。雇用施策は独立行政法人が、福祉施策は市町村が担当するため、パソコンの入力や書類の整理等の「仕事」の支援と、移動などの「仕事外」の介助は別々に申請する必要があり、書類も毎月のように提出しなくてはなりません。
　そのうえ、制度の利用にあたっては、お住まいの市町村の利用決定や、勤務先との連携が必須なので、まだまだ全国的に広がっているとはいえないのが現実です。

5　ガイドヘルパーの運転中における報酬請求の禁止

　厚生労働省の見解では、「ガイドヘルパーが車を運転している時間帯は利用者への介助を行うことができないため、介護の提供を評価する障害福祉サービス等報酬の算定対象とすることは難しい」となっています（点字「厚生」第296号令和5年3月20日発行加藤厚生労働大臣との対談より抜粋）。
　また、国土交通省の見解では、ガイドヘルパーが利用者を乗せることにより乗車運賃を徴収することは、道路運送法からも認められないこととなっています。（道路運送法第3条、第4条）注[2]

6 請求業務にあたっての留意点

(1) サービス提供にあたっての整合性

　同行援護サービスは、そのサービスを提供した利用者、その時間帯、また場所、その内容など正確に記録されていないと請求に不具合が生じます。

　具体的にいえば、同行援護サービス提供実績記録票、介護給付費・訓練等給付費等明細書、障害福祉サービス提供記録ヘルパー活動表、この三つの書類について整合性がなければ、そのサービスの信憑性が問われます。

　書き間違いや書き落としなどないように十分確認し、丁寧に記録することが必須です。

(2) 2時間ルールについて

　同行援護制度を利用し、サービスが終了した場合、基本的には、サービス終了後2時間を空けなければ、次の同行援護サービスが利用できないこととなっています。緊急事態など、やむを得ない事態の際は、受給者証を発行している市町村にご相談ください。

注

注❶　平成26年3月障害保健福祉関係主管課長会議抜粋

　　イ
　　サービス内容や機能から、介護保険サービスには相当するものがない障害福祉サービス固有のものと認められるもの（同行援護、行動援護、自立訓練（生活訓練）、就労移行支援、就労継続支援等）については、当該障害福祉サービスに係る介護給付費等を支給する。

注❷　道路運送法抜粋

　　　（種類）
　　第3条　旅客自動車運送事業の種類は、次に掲げるものとする。
　　　一　一般旅客自動車運送事業（特定旅客自動車運送事業以外の旅客自動車運送事業）
　　　　ハ　一般乗用旅客自動車運送事業（一個の契約によりロの国土交通省令で定める乗車定員未満の自動車を貸し切つて旅客を運送する一般旅客自動車運送事業）
　　　（一般旅客自動車運送事業の許可）
　　第4条　一般旅客自動車運送事業を経営しようとする者は、国土交通大臣の許可を受けなければならない。

新版　同行援護従業者養成研修テキスト

●編集代表
中野泰志（なかの・やすし）
慶應義塾大学経済学部教授

●執筆者および執筆分担（五十音順）
青木慎太朗（あおき・しんたろう）
大阪公立大学都市科学・防災研究センター客員研究員
――第1編第4章、第1編第5章1～3(1)(2)(4)

金村厚司（かなむら・あつし）
同行援護事業所等連絡会事務局長
――第1編第2章第1節1、2(1)～(5)、3～6、第1編第2章第2節1(1)、3(1)(3)、4、第1編第8章、第2編第6章

髙木憲司（たかき・けんじ）
和洋女子大学家政学部准教授
――第2編第3章、第2編第4章

棚橋公郎（たなはし・きみお）
社会福祉法人岐阜アソシア視覚障害者生活情報センターぎふ部長
――第1編第10章、第1編第11章、第2編第5章

中野泰志（なかの・やすし）
慶應義塾大学経済学部教授
――はじめに、本書の利用法について、養成研修の企画について

平井敬子（ひらい・けいこ）
同行援護事業所等連絡会運営委員
――第1編第6章、第2編第1章、第2編第2章1(1)(2)②～⑦、2

平塚義宗（ひらつか・よしむね）
順天堂大学眼科学教室先任准教授
――第1編第2章第2節1(2)(3)、2

福島智（ふくしま・さとし）
東京大学先端科学技術センター特任教授

──第1編第2章第1節2⑹、第1編第2章第2節3⑵、第1編第5章3⑶、第2編第2章1⑵①

前田晃秀（まえだ・あきひで）
東京都盲ろう者支援センターセンター長
──第1編第2章第1節2⑹、第1編第2章第2節3⑵、第1編第5章3⑶、第2編第2章1⑵①

松下昭司（まつした・しょうじ）
特定非営利活動法人フルフラール研修・指導室室長
──第1編第9章

松永信也（まつなが・しんや）
同行援護事業所等連絡会会長
──第1編第1章、第1編第3章

宮城正（みやぎ・ただし）
特定非営利活動法人埼玉県視覚障害者社会参加推進協会代表理事
──第1編第7章

●編集協力
坂本洋一（さかもと・よういち）
公益財団法人日本盲導犬協会評議員

【テキストデータ提供のお知らせ】
　視覚障害などの理由で、本書を利用することが困難な方で、書籍をご購入されたご本人の私的利用に限り、本書のテキストデータを提供いたします。

【申込方法】
　下の引換券、お名前・ご住所・電話番号、メールアドレスを明記した用紙を同封し、以下の住所へお申し込みください。

【宛先】
〒110-0016
東京都台東区台東 3-29-1
中央法規出版株式会社営業部渉外課
テキストデータ係

【引換券】

新同行援護（A159）

新版 同行援護従業者養成研修テキスト

2025年2月20日 発行

監　　修	社会福祉法人日本視覚障害者団体連合
編集代表	中野泰志
発行者	荘村明彦
発行所	中央法規出版株式会社
	〒110-0016　東京都台東区台東 3-29-1　中央法規ビル
	TEL 03-6387-3196
	https://www.chuohoki.co.jp/

印刷・製本	株式会社 太洋社
装幀・本文デザイン	タクトデザイン
本文イラスト	赤木あゆ子・紙谷欣作

定価はカバーに表示してあります。
ISBN978-4-8243-0159-8

本書のコピー、スキャン、デジタル化等の無断複製は、著作権法上での例外を除き禁じられています。また、本書を代行業者等の第三者に依頼してコピー、スキャン、デジタル化することは、たとえ個人や家庭内での利用であっても著作権法違反です。
落丁本・乱丁本はお取り替えいたします。

本書の内容に関するご質問については、下記URLから「お問い合わせフォーム」にご入力いただきますようお願いいたします。
https://www.chuohoki.co.jp/contact/
A159